U0863485

2019

中国高等职业教育质量年度报告

上海市教育科学研究院
Shanghai Academy of Educational Sciences
MyCOS Institute
麦可思研究院 编著

高等教育出版社 · 北京

图书在版编目（CIP）数据

2019中国高等职业教育质量年度报告/上海市教育科学研究院，麦可思研究院编著.— 北京：高等教育出版社，2019.6

ISBN 978-7-04-052112-2

Ⅰ.①2… Ⅱ.①上… ②麦… Ⅲ.①高等职业教育—教育质量—研究报告—中国—2019 Ⅳ.①G718.5

中国版本图书馆CIP数据核字（2019）第107845号

策划编辑 徐 刚　　责任编辑 程 云　　封面设计 李卫青　　责任印制 尤 静

出版发行	高等教育出版社	网　　址	http://www.hep.edu.cn
社　　址	北京市西城区德外大街4号		http://www.hep.com.cn
邮政编码	100120	网上订购	http://www.hepmall.com.cn
印　　刷	涿州市星河印刷有限公司		http://www.hepmall.com
开　　本	787mm×1092mm　1/16		http://www.hepmall.cn
印　　张	7		
字　　数	100千字	版　　次	2019年6月第1版
购书热线	010-58581118	印　　次	2019年8月第2次印刷
咨询电话	400-810-0598	定　　价	32.00元

本书如有缺页、倒页、脱页等质量问题，请到所购图书销售部门联系调换
版权所有　侵权必究
物 料 号　52112-00

2019中国高等职业教育质量年度报告
编委会

主　编　马树超　　王伯庆

编　委　郭　扬　　张　晨　　郭文富　　任君庆
经贵宝　　汤佳妮　　李建民　　王　琪
王理凡　　肖鹏程　　王　博　　王启龙
姜　涛　　刘洪宇　　叶　波　　程　云
杨剑静

策　划　董　刚　　王继平　　任占营

目录

目录

目录

图表目录

图表目录

图表目录

图表目录

案例目录

案例目录

前言

2018年，习近平总书记在全国教育大会重要讲话中深刻地回答了我国教育改革发展的重大理论和实践问题，形成了系统、科学的新时代中国特色社会主义教育理论体系，把我们党对教育工作的规律性认识提升到新的高度，为做好教育工作提供了根本遵循和行动指南，职业教育翻开历史新篇章。中央全面深化改革委员会第五次会议强调，要把职业教育摆在更加突出的位置，对接科技发展趋势和市场需求，为促进经济社会发展和提高国家竞争力提供优质人才资源支撑；会议审议通过了《国家职业教育改革实施方案》，明确了职业教育是与普通教育具有同等重要地位的一种类型教育，要求启动实施中国特色高水平高职学校和专业建设计划。2019年《政府工作报告》进一步将职业教育置顶于宏观经济政策层面，并作出高职院校大规模扩招100万人的重大决策，为高职教育发展提供了前所未有的机遇和空间。

《中国高等职业教育质量年度报告》经过8年的探索，由学生成长成才、学校办学实力、发展环境、国际影响力和服务贡献力构成的“五维质量观”及其第三方评价的指标体系正在逐步形成，今年新增“育人成效50强”，引导高职院校更加注重全面落实立德树人的根本任务。面向未来，全面建成小康社会的战略目标和新一轮科技革命与产业变革的新形势，要求涌现一批引领改革、支撑发展的高水平高职院校和专业（群），以有效推进中国特色职业教育到2035年达到世界先进水平；立足当下，我们高兴地看到2018年随着《高等职业教育创新发展行动计划（2015—2018年）》（以下简称《行动计划》）收官，三年建设期间，一批优质教育资源集中呈现，标志着高职教育大规模培养技术技能人才的能力正在增强。

● **学生发展：** 首次发布高等职业院校育人成效50强榜单，增加学生反馈表，重视学生在校期间的获得感。学生在校期间上进心明显提升，创业实践和竞赛活动参与度提高，专业核心课程内容贴近岗位需求。毕业生半年后就业率持续稳定在92%，毕业三年后月收入增幅达到76.2%，高职教育对于扩大就业和促进学生发展的作用日益显现。

● **教育教学：** 优化教学资源50强指标，注重企业资源运用，体现职业教育类型特征。面向产业高端、高端产业和新兴产业打造专业群，对接技术发展趋势，与科研院所、大型企业联合培养高新技术产业落地所需的高素质技术技能人才。跨界打造优秀教学创新团队。育训结合、书证融通，课程思政作用显现。信息技术应用促进教育模式改革，提升服务师生和管理效能。

● **政府责任：** 首次发布各地区政策落实评价结果。《行动计划》取得成效，现代学徒制试点项目覆盖1 000余个专业点，2 200余家企业参与人才培养。中央财政专项支持的职业教育专业教学资源库112个，有效推进了优质教学资源共建共享和线上线下结合的教学方式变革。31个省（市、区）公办高职院校年生均财政拨款水平达到 12 000 元。高职质量年报制度全面落实，1 344 所高职院校实现应报尽报。

● **国际合作：**继续发布国际影响力 50 强，更加注重内涵、重视质量。全日制来华留学规模达 1.7 万人，“一带一路”沿线国家成为招收留学生的主要生源地和境外办学的主要集聚地，多元协同培养模式和管理规范逐步形成。595 个专业教学标准落地国（境）外。沿边境省份院校积极发挥窗口和桥梁作用，探索“国门高职”新模式。

● **服务贡献：**高职毕业生本地就业率接近 60%，到中小微企业等基层服务的比例保持在 60% 以上。四分之一的毕业生到西部地区和东北地区就业。高职院校助力欠发达地区发展、助力乡村振兴、助力脱贫攻坚，65 所职业院校发起成立的全国职业院校精准扶贫协作联盟，引导院校教育扶贫取得成效。横向技术服务产生经济效益超过 1 000 万元的院校达 150 所，进入服务贡献 50 强院校的技术服务水平提升。

● **面临挑战：**高职扩招 100 万是促进稳定和扩大就业，实现高等职业教育高质量规模发展的重大举措，高职院校在迎来发展利好的同时也面临资源“摊薄”的挑战；职业教育由参照普通教育办学模式向企业社会参与、专业特色鲜明的类型教育转变，高职院校改革与发展面临配套政策不足的挑战；高职教育在稳定和扩大就业方面的重要性和作用得到广泛认可，高职院校面临自身能力不足的挑战。

1 学生发展

1.1 育人成效

职业教育和普通教育同为教育，类型不同，同等重要。把立德树人融入人才培养全过程，是职业教育提高育人成效的重要途径。

（1）育人工作

教学工作得到学生的肯定。2018 届高职毕业生对母校的教学工作满意度为 90%[1]，比 2014 届提升了 4 个百分点（见图 1）。但实习和实践教学环节仍需改进，有 57% 的高职毕业生认为需要改进实习和实践环节。其中，商科专业大类的学生认为“实习和实践环节不够”的比例为 60%，工科专业大类的学生认为“实习和实践环节不够”的比例为 55%。

教学工作满意度提升 4 个百分点

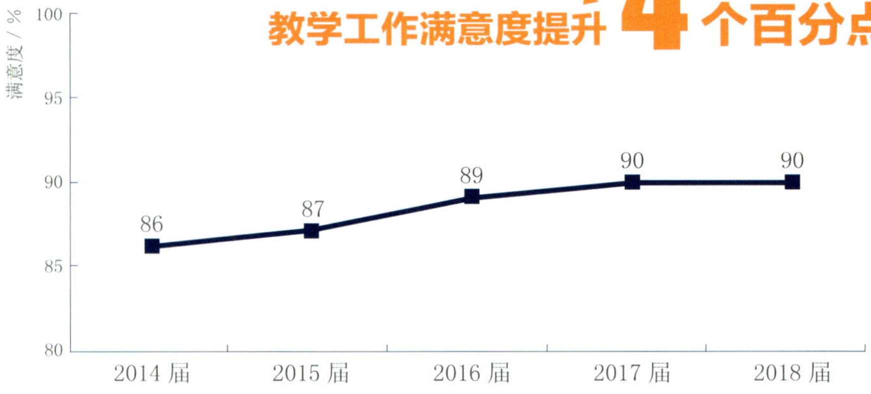

图 1　2014—2018 届高职毕业生对教学工作的满意度

数据来源：麦可思 - 中国 2014—2018 届大学毕业生社会需求与培养质量调查。

学生工作满意度持续提升。2018 届高职毕业生对学生工作的满意度为 87%，比 2014 届高出 6 个百分点（见图 2）。43% 的学生认为，学生工作最需要改进的问题是“与辅导员或班主任接触时间太少”。

学生工作满意度高出 6 个百分点

[1] 麦可思自 2007 年以来，每年对大学生毕业半年后的就业状态和工作能力进行全国性调查研究。调查覆盖了全国 31 个省（自治区、直辖市）。本报告涉及的调查年度里，2014—2018 届高职毕业生的样本量分别为 13.8 万份、12.7 万份、14.2 万份、15.0 万份和 15.1 万份。

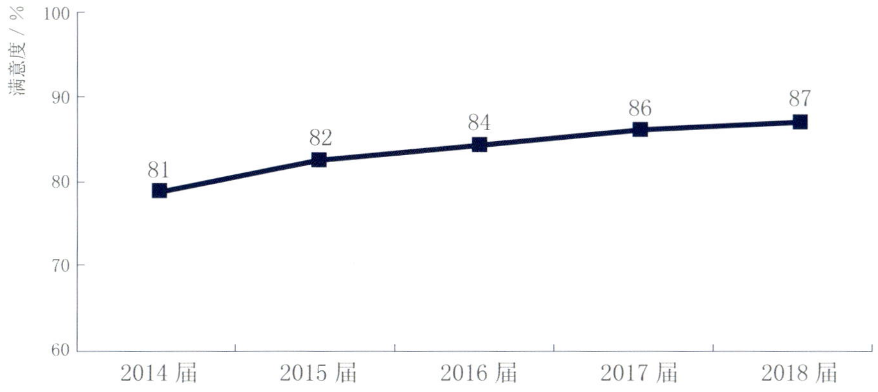

图 2　2014—2018 届高职毕业生对学生工作的满意度

数据来源：麦可思 - 中国 2014—2018 届大学毕业生社会需求与培养质量调查。

教学工作和学生工作对学生素养提升至关重要。对 2018 届毕业生的调研发现，教学工作满意度和学生工作满意度两项指标，与学生素养提升呈正向关系。对教学工作满意的学生，素养提升比例高于不满意的学生 15 个百分点；对学生工作满意的学生，素养提升比例高于不满意的学生 11 个百分点。

专业核心课程内容更加贴近岗位需求。2018 届从事与专业相关工作的高职毕业生认为专业核心课程内容对现有工作的满足度为 79%，比 2014 届提升了 11 个百分点（见图 3）。

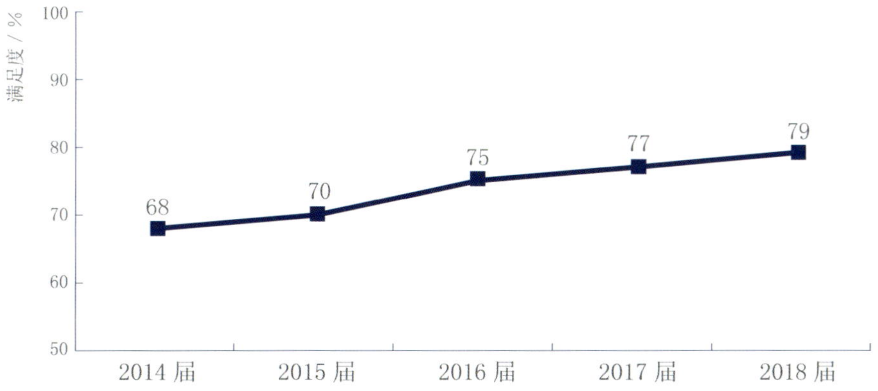

图 3　2014—2018 届高职毕业生认为核心课程对工作的满足度

数据来源：麦可思 - 中国 2014—2018 届大学毕业生社会需求与培养质量调查。

学生社团活动参与度与质量均有提高，科技类社团需加快发展。2018届高职毕业生参加社团活动的比例比2014届高2个百分点（见图4），对社团活动的满意度比2014届高6个百分点。其中，公益类社团的参与比例和满意度最高，分别为26%和92%。但科技类社团的参与比例仅为11%。高职院校要积极发展科技类社团，引导学生崇尚科学，热爱科学技术。

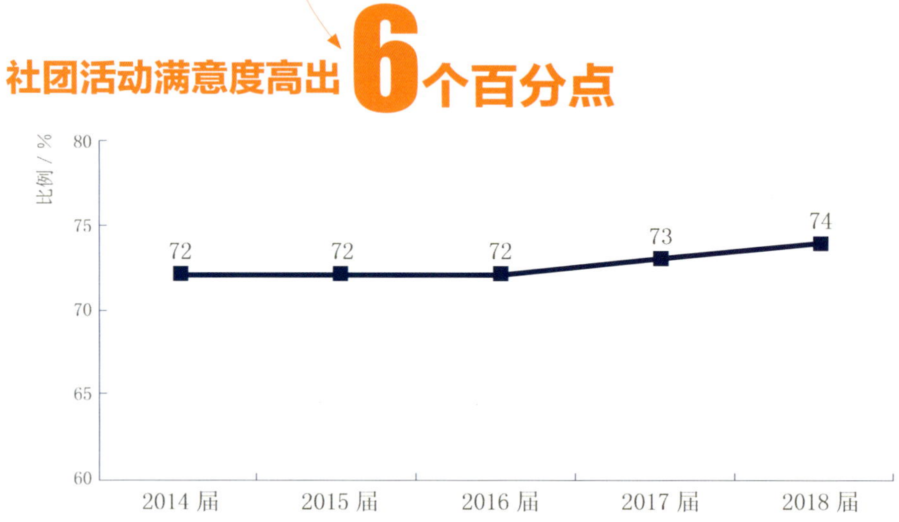

图4　2014—2018届高职毕业生参与社团活动的比例

数据来源：麦可思－中国2014—2018届大学毕业生社会需求与培养质量调查。

（2）素养提升

学生在校期间的上进心明显提升。2018届高职学生在校期间各项素养[2]均有提升，“积极努力、追求上进”方面的提升比例最高，达到66%；其次是遵纪守法，为57%；乐于助人、包容精神等方面的提升也均超过50%（见图5）。但学生在环境意识方面的提升还处在较低水平，需要引起重视。

[2] 本报告所指的“素养”，为麦可思“大学毕业生社会需求与培养质量调查”中“积极努力、追求上进”“遵纪守法”“乐于助人”“包容精神”“诚实守信”“关注社会”“环境意识”等基本素养。本报告所指的“素养提升”，为基本素养至少提升了一项的高职毕业生群体。

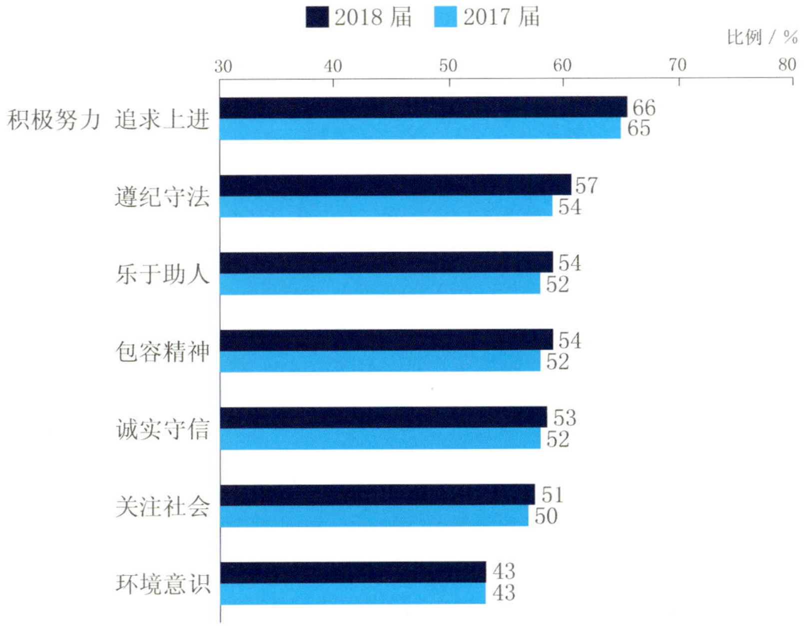

图 5　2017—2018 届高职毕业生基本素养提升比例

数据来源：麦可思－中国 2017—2018 届大学毕业生社会需求与培养质量调查。

素养提升对就业、晋升和母校认同具有提升作用。2018 届高职毕业生中，素养提升较多人群[3]比提升较少人群[4]的就业现状满意度高 10 个百分点，毕业三年内职位晋升比例高 7 个百分点，校友推荐度高 24 个百分点。

---

[3] 素养提升较多人群：指素养提升 7 项及以上的毕业生人群。2018 届大学毕业生社会需求与培养质量调查中，素养提升较多人群占比为 38.3%；2015 届大学生毕业三年后职业发展调查中，素养提升较多的人群占比为 31.6%。

[4] 素养提升较少人群：指素养提升不足 3 项（包括 0，不包括 3）的毕业生人群。2018 届大学毕业生社会需求与培养质量调查中，素养提升较少人群占比为 26.7%；2015 届大学生毕业三年后职业发展调查中，素养提升较少的人群占比为 28.8%。

成都航空职业技术学院学生参加国际超轻复合材料大学生桥梁竞赛斩获 7 项冠军，第三次夺得世界总冠军

案例 1：强化劳动教育与行为规范，筑牢立德树人基石

贵州交通职业技术学院积极开展劳动教育改革，把劳动教育列入人才培养方案，将“生活品质技能培养”作为劳动教育重要内容并纳入测评体系，成立“劳动教育研究中心”，为培养全面发展的高素质技术技能人才提供研究平台。

广州铁路职业技术学院从课堂和学风抓起，通过实施严格的考勤制度，如铁道供电技术专业推行课堂考勤计入成绩、定期分析学生请假情况等措施，来规范学生日常行为，培育良好的职业素养。学生连续两届包揽全国铁路职业院校学生接触网技能竞赛冠亚军，多数毕业生成为行业技术骨干或技术能手。

山东商业职业技术学院成立服务学习中心，通过劳动服务学习、社团志愿类服务学习和专业服务学习等形式，构建服务学习型实践教学体系。通过向用人单位优先推荐服务学习成绩优秀的应届毕业生，以及为服务学习项目的指导老师提供专项津贴等激励措施，调动了师生参与的主动性和积极性。

1.2 就业质量

（1）就业率

毕业生就业保持稳定。2018 届高职学生毕业半年后就业率为 92%，与 2017 届基本持平（见图 6）。

2018 届就业率为 92%

图 6　2014—2018 届高职毕业生半年后就业率

数据来源：麦可思 - 中国 2014—2018 届大学毕业生社会需求与培养质量调查。

2018 届平均月收入为 4 112 元

（2）月收入

学生毕业半年后的平均月收入持续增加。2018 届高职学生毕业半年后的平均月收入为 4 112 元，比 2017 届增加了 252 元（见图 7）。近五年来，高

图 7　2014—2018 届高职毕业生半年后平均月收入及增幅

数据来源：麦可思 - 中国 2014—2018 届大学毕业生社会需求与培养质量调查。

职学生毕业半年后平均月收入的增幅放缓，2018 届高职学生毕业半年后平均月收入的增幅为 6.5%，比 2014 届下降了 2.3 个百分点。

毕业生的高收入群体持续增加，低收入群体持续下降。2018 届高职学生毕业半年后的平均月收入在 7 000 元以上的群体占 5.7%，比 2017 届的 4.9% 提高了 0.8 个百分点；收入在 1 500 元以下的群体占 1.0%，比 2017 届的 1.4% 下降了 0.4 个百分点。

（3）专业相关度

毕业生的工作与专业相关度保持稳定。近五年来，高职院校毕业生的工作与专业相关度稳定在 62%。其中，医护专业大类、文化教育专业大类等毕业生的工作与专业相关度有所上升；而工科专业大类则下降了 4 个百分点（见图 8），其主要原因是 12% 的学生不愿意从事与专业相关的工作。因此，学校加强工科类专业学生对工作岗位的认同教育是十分重要的。

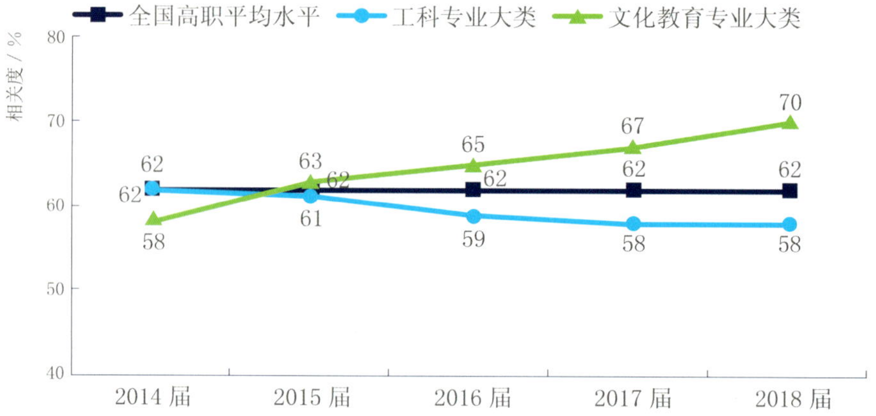

图 8　2014—2018 届高职毕业生半年后的工作与专业相关度

数据来源：麦可思 – 中国 2014—2018 届大学毕业生社会需求与培养质量调查。

就业现状满意度提升 6 个百分点

（4）就业现状满意度

毕业生的就业现状持续改善。2018 届高职院校学生对毕业半年后就业现状的满意度为 65%，比 2014 届提升了 6 个百分点（见图 9）。工科专业大类高职毕业生对就业现状的满意度明显提升，首次与全国高职平均水平持平，反映出工科专业大类的就业现状有所改善。工科专业大类就业现状的改善主要表现为收入增长。2018 届工科专业大类的学生毕业半年后的月收入比 2014 届增长了 30.5%，增幅比全国高职平均水平高 2 个百分点。

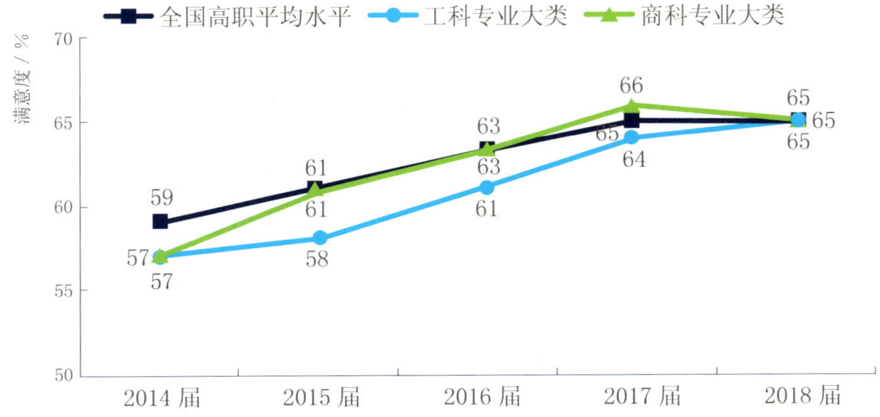

图 9　2014—2018 届高职毕业生半年后就业现状满意度

数据来源：麦可思 - 中国 2014—2018 届大学毕业生社会需求与培养质量调查。

1.3 成长成才

（1）毕业三年后月收入

学生毕业三年后[5]月收入增长明显。2015 届高职学生毕业三年后月收入为 6 005 元，毕业半年后月收入为 3 409 元，增幅为 76.2%。

高职教育对提升农村家庭毕业生收入作用日益显现。2015 届农民与农民工家庭背景的高职学生毕业半年后的月收入比同期农民工高不到 300 元，但毕业三年之后，同届毕业生的月收入则比同期农民工高 2 000 元左右。尤其是工科专业大类的毕业生，比同期农民工高了 2 609 元（见图 10）。

比同期农民工高 2 000 元左右

[5] 麦可思对高职生毕业三年后的情况进行了跟踪调查，本报告涉及的调查年度里，2011—2015 届高职毕业生的样本量分别为 6.0 万份、1.9 万份、2.5 万份、4.3 万份、3.6 万份。

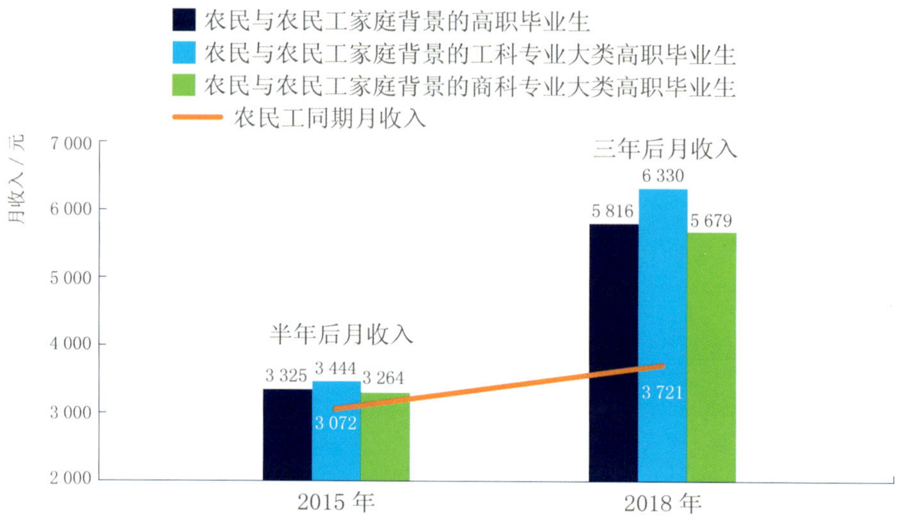

图 10　农民与农民工家庭背景的高职毕业生月收入与农民工同期月收入

数据来源：麦可思－中国 2015 届大学毕业生社会需求与培养质量调查。麦可思－中国 2015 届大学毕业生三年后职业发展调查。中华人民共和国国家统计局：《2018 年农民工监测调查报告》《中华人民共和国 2018 年国民经济和社会发展统计公报》）。

（2）职位晋升

超过六成学生在毕业三年内有过职位晋升。2015 届高职学生毕业三年内有过职位晋升的比例为 62%，比 2011 届上升了 2 个百分点。越来越多的高职毕业生在职业发展中期获得了更大的上升空间（见图 11）。

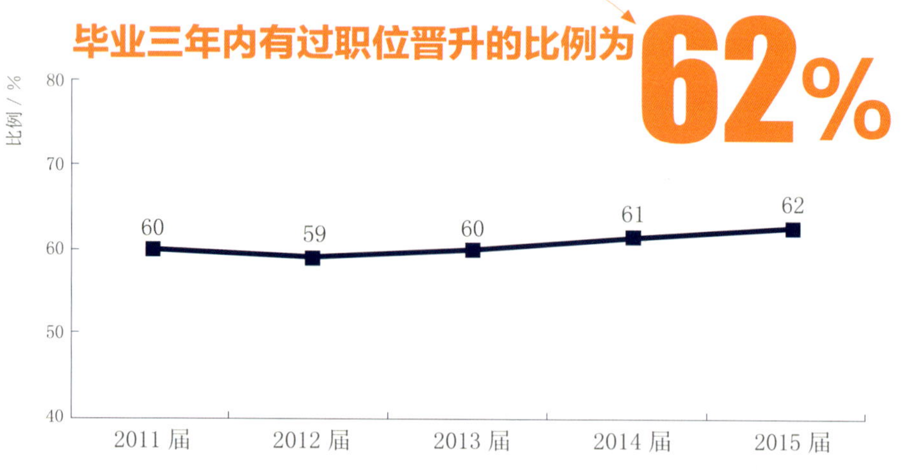

图 11　2011—2015 届高职毕业生毕业三年内职位晋升的比例

数据来源：麦可思－中国 2011—2015 届大学生毕业三年后职业发展调查。

职位晋升群体的月收入、就业现状满意度和校友推荐度更高。2015 届高职毕业生中，毕业三年内有职位晋升的群体比无职位晋升群体的月收入高 1 263 元，就业现状满意度高 16 个百分点，校友推荐度高 8 个百分点。

（3）职业稳定性

毕业生的工作稳定性保持平稳。2015 届高职学生毕业三年内平均雇主数为 2.4 个，与 2014 届持平（见图 12）。

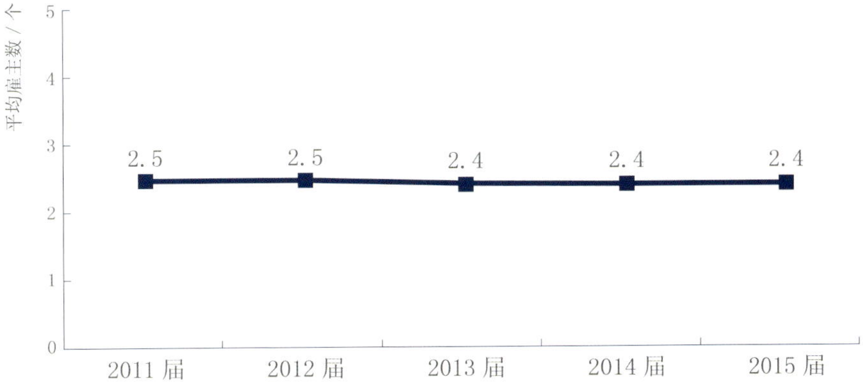

图 12　2011—2015 届高职毕业生毕业三年内平均雇主数

数据来源：麦可思－中国 2011—2015 届大学生毕业三年后职业发展调查。

承德石油高等专科学校钳工技能大师、河北省技术能手孙东辉指导学生实践操作

案例 2：发挥技能大师的资源优势，创新培育工匠精神

佛山职业技术学院面向制造业重点领域建设一批紧缺人才培训基地，组建大城工匠工作室，引进佛山、南海等地区的大城工匠，培育和弘扬工匠精神，学生技能素质和就业质量显著提高，多名毕业生在四川绵阳的中国工程物理研究院、佛山市南海中南机械股份有限公司任职。

唐山工业职业技术学院发挥陶瓷传统专业优势，建设刘冠伟陶瓷艺术技艺大师工作室，服务唐山文化创意产业，培养学徒精益求精、坚持、专注的工匠精神。学生作品在第六届中国陶瓷名家名作展暨 2018 年陶瓷作品评比活动中荣获金奖。

辽宁省交通高等专科学校通过技能大师工作室、名师工作室、劳模工作室和现代学徒班，将工匠精神融入人才培养全过程。2018 年新建“双师型”名师工作室、先进制造技术技艺技能传承创新平台和劳模工作室，邀请大国工匠走进校园，将技术技能、职业精神直接传递给学生，让学生感悟“工匠精神”。

1.4 创新创业

（1）创新能力

“积极学习能力”和“设计思维”[6] 是评价创新能力的重要指标。2018 届高职毕业生的积极学习能力和设计思维对工作岗位的满足度均超过 80%，较 2014 届分别提升了 5 个和 6 个百分点（见图 13）。

[6] 积极学习能力：表示能够理解信息中的启示，用于解决问题并帮助作出决定的能力。设计思维：表示能够分析需求和生产的可能性，以开发出新产品的思维能力。积极学习能力和设计思维对工作岗位的满足度：由学生回答毕业时掌握的能力水平和工作岗位要求的能力水平进行测算得出，能力水平从低到高分为一级到七级。

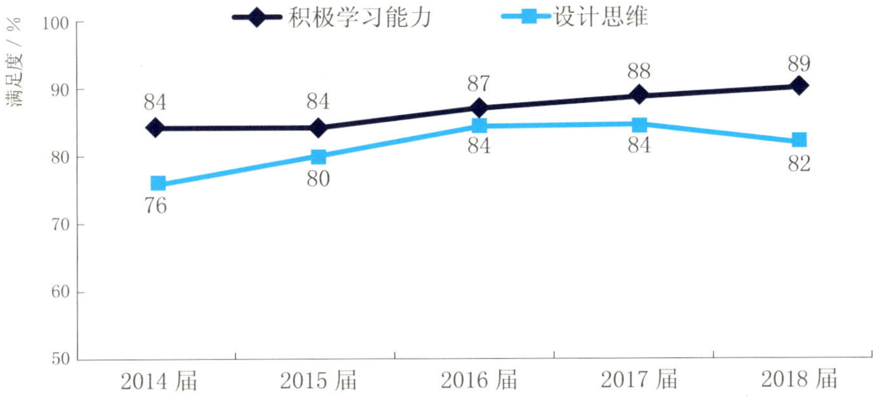

图 13　2014—2018 届高职毕业生毕业半年后积极学习能力和设计思维满足度

数据来源：麦可思－中国 2014—2018 届大学毕业生社会需求与培养质量调查。

（2）创新创业教育

学生创业实践和竞赛活动的参与度有所提高。2018 届高职毕业生参加创业实践活动和创业竞赛活动的比例均提高了 2 个百分点（见图 14）。学生认为，创业竞赛活动和创业实践活动对自己帮助最大。“做中学、学中做”的教育模式让学生有更多的获得感。

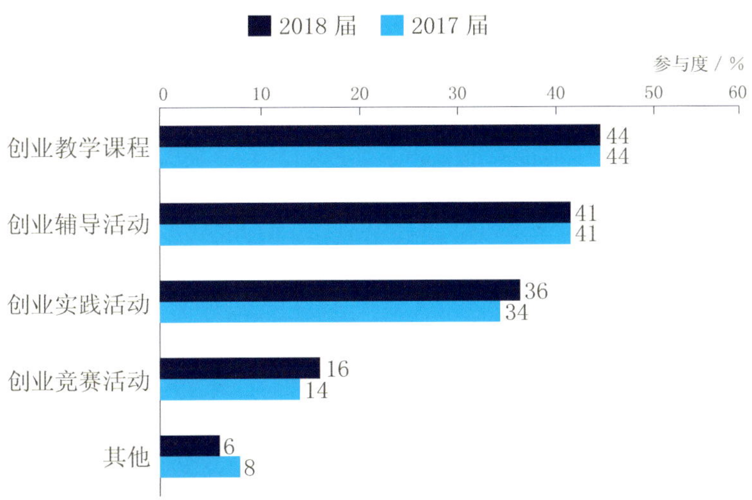

图 14　2017—2018 届高职毕业生各项创业活动的参与度

数据来源：麦可思－中国 2017—2018 届大学毕业生社会需求与培养质量调查。

（3）自主创业

学生毕业半年后自主创业比例略有下降。2018 届高职学生毕业半年后自主创业比例为 3.6%，较 2014 届下降了 0.2 个百分点（见图 15）。

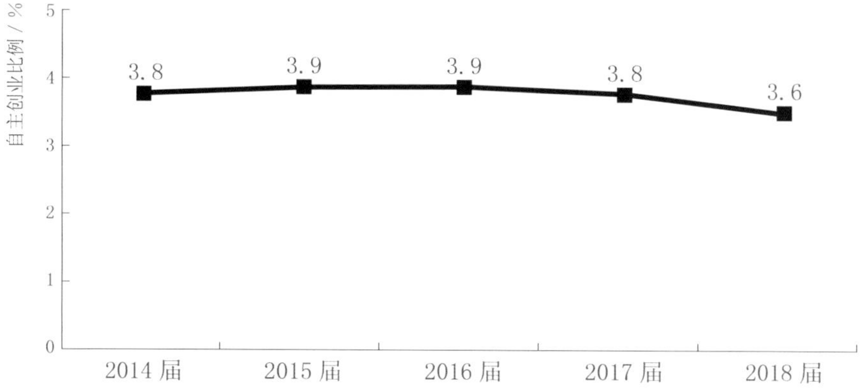

图 15　2014—2018 届高职毕业生毕业半年后自主创业比例

数据来源：麦可思－中国 2014—2018 届大学毕业生社会需求与培养质量调查。

“毕业即创业”群体的生存挑战持续增加。2011—2015 届高职学生毕业创业群体的三年存活率[7] 逐渐下降。2015 届高职学生毕业创业群体的三年存活率为 44.7%，比 2011 届下降了 4.2 个百分点（见图 16）。

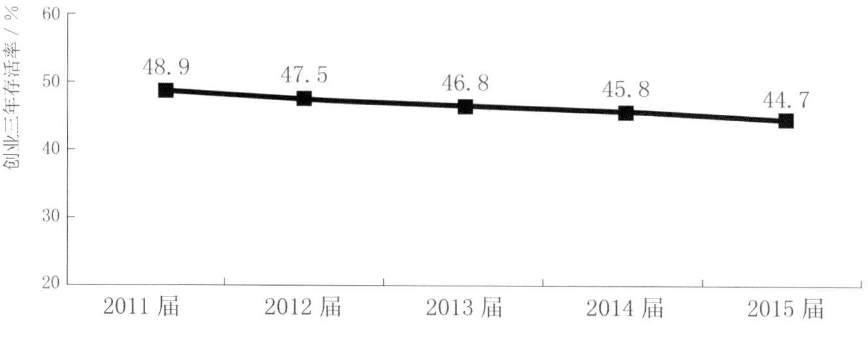

图 16　2011—2015 届高职毕业生创业三年存活率

数据来源：麦可思－中国 2011—2015 届大学毕业生三年后职业发展调查。

[7] 毕业生创业群体的三年存活率指毕业生在毕业三年后的调研中还保持创业状态的比例。

学生毕业三年内自主创业比例上升。2015 届高职学生毕业三年内自主创业比例为 8.4%，比 2011 届高出 0.7 个百分点，比同届学生毕业半年后的自主创业比例增长了约 1.2 倍（见图 17）。

2015 届自主创业比 2011 届高出 0.7 个百分点

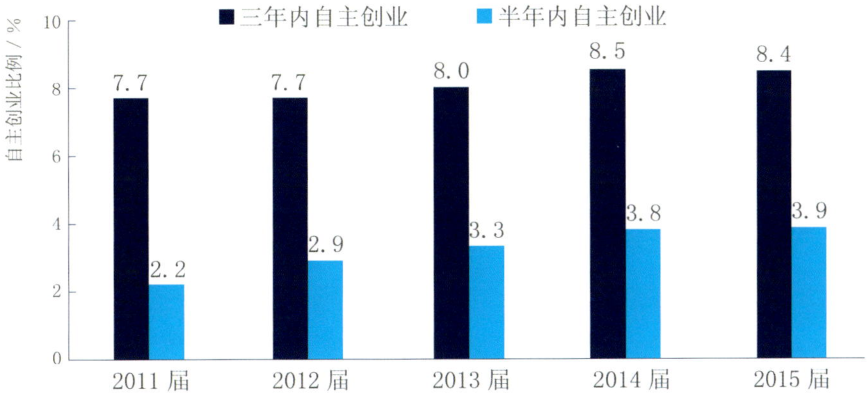

图 17　2011—2015 届高职毕业生毕业三年内自主创业比例与半年内自主创业比例

数据来源：麦可思 - 中国 2011—2015 届大学毕业生三年后职业发展调查，麦可思 - 中国 2011—2015 届大学毕业生社会需求与培养质量调查。

案例 3：搭建创新创业平台，助力学生成长成才

义乌工商职业技术学院推行创新创业实践真实的项目，形成“志愿者服务—勤工助学—创业行动”的递进式实践育人模式。电商创业班毕业生焦鹏的回乡创业项目获得浙江省“互联网 +”大学生双创大赛金奖，被《中国教育报》报道，成为电商扶贫、乡村振兴的典型。

扬州工业职业技术学院通过资助创新创业训练项目、鼓励学生参与创新创业竞赛等形式，培育大学生创客。经管学院学生丁蓉蓉在学校创新创业基金的资助下积极研发、创新，她的冰草项目荣获第四届中国“互联网 +”大学生创新创业大赛金奖和最佳带动就业奖。

福州职业技术学院推进大学生创新创业园区建设，对创业学生进行全程指导、一站式服务，培育大学生创新能力和综合素质。模具设

计与制造专业毕业生涂孝己经过在校期间的创新创业训练，创办了福州蓝宇恒跃航空科技有限公司，自主研发生产“蓝宇”固定翼无人机，获得多项国家专利，技术达到国际领先水平。

1.5 计分卡

计分卡各指标总体稳中有升。2014—2018 届高职毕业生就业率、月收入、母校满意度均呈上升趋势。2018 届高职学生毕业半年后就业率为 92.0%，比 2014 届高 0.5 个百分点。理工农医类毕业生专业相关度、自主创业比例保持稳定。

表 1　2014—2018 届高职毕业生的计分卡

指标	2014 届	2015 届	2016 届	2017 届	2018 届
1. 毕业半年后的就业率 /%	91.5	91.2	91.5	92.1	92.0
2. 毕业半年后的月收入 / 元	3200	3409	3599	3860	4112
3. 理工农医类专业相关度 /%	64	65	64	64	64
4. 母校满意度 /%	87	88	89	90	90
5. 自主创业比例 /%	3.8	3.9	3.9	3.8	3.6

数据来源：麦可思 - 中国 2014—2018 届大学毕业生社会需求与培养质量调查。

1.6 育人成效 50 强

报告首次发布院校育人成效 50 强。育人成效 50 强指标主要涵盖学生就业创业、学生在校体验、学生技能培养等三个维度，16 个指标项目，包括就业率、毕业三年职位晋升比例、留在当地就业比例、教书育人满意度、课程教学满意度、各类大赛等，强调就业与发展，重视学生在校体验和技能培养。50 强院校在上述方面成效明显，毕业生就业率和职位晋升比例提升明显，学生对课程教学、管理服务等方面的满意度高于一般院校，大学生技术技能方面的培养效果好。

表2　2018年高等职业院校育人成效50强（按音序排列）

院校名称	院校名称
常州工程职业技术学院	南京科技职业学院
常州机电职业技术学院	青岛职业技术学院
常州轻工职业技术学院	山东畜牧兽医职业学院
成都职业技术学院	山东商业职业技术学院
承德石油高等专科学校	山东职业学院
重庆工程职业技术学院	陕西铁路工程职业技术学院
重庆工业职业技术学院	上海工艺美术职业学院
福建船政交通职业学院	深圳职业技术学院
福建信息职业技术学院	四川交通职业技术学院
广东机电职业技术学院	四川邮电职业技术学院
广东科学技术职业学院	苏州工艺美术职业技术学院
广东轻工职业技术学院	唐山工业职业技术学院
广东邮电职业技术学院	铜仁职业技术学院
广州番禺职业技术学院	威海职业学院
河北工业职业技术学院	温州职业技术学院
淮安信息职业技术学院	无锡商业职业技术学院
黄河水利职业技术学院	邢台职业技术学院
济南职业学院	盐城工业职业技术学院
江苏工程职业技术学院	杨凌职业技术学院
江苏海事职业技术学院	义乌工商职业技术学院
金华职业技术学院	浙江工贸职业技术学院
九江职业技术学院	浙江机电职业技术学院
黎明职业大学	浙江建设职业技术学院
辽宁省交通高等专科学校	浙江交通职业技术学院
南京工业职业技术学院	浙江旅游职业学院

2 教育教学

2.1 教学资源 50 强

报告继续发布院校教学资源 50 强，从年生均财政拨款水平、生均教学科研仪器设备值、生均教学及辅助行政办公用房面积等硬件资源，专任教师总数、生师比、双师素质专任教师比例等教师资源，教学计划内课程总数、线上开设课程数等课程资源，以及生均校内实践教学工位数、企业提供的校内实践教学设备值、年支付企业兼职教师课酬等校企合作资源，共四个维度、11 个指标项目，对院校的办学资源进行评价。评价方式

表 3　2018 年高等职业院校教学资源 50 强（按音序排列）

院校名称	院校名称
北京电子科技职业学院	山东商业职业技术学院
北京工业职业技术学院	陕西工业职业技术学院
北京信息职业技术学院	商丘职业技术学院
滨州职业学院	深圳信息职业技术学院
成都航空职业技术学院	深圳职业技术学院
重庆电子工程职业学院	顺德职业技术学院
重庆工业职业技术学院	四川工程职业技术学院
东莞职业技术学院	四川交通职业技术学院
东营职业学院	苏州市职业大学
福建船政交通职业学院	唐山工业职业技术学院
杭州职业技术学院	天津职业大学
河北工业职业技术学院	威海职业学院
河南工业职业技术学院	温州职业技术学院
湖北三峡职业技术学院	无锡职业技术学院
淮安信息职业技术学院	武汉城市职业学院
江苏农林职业技术学院	武汉软件工程职业学院
江苏农牧科技职业学院	武汉职业技术学院
金华职业技术学院	襄阳职业技术学院
昆明冶金高等专科学校	邢台职业技术学院
柳州职业技术学院	许昌职业技术学院
南京工业职业技术学院	烟台职业学院
南京信息职业技术学院	扬州市职业大学
南宁职业技术学院	浙江机电职业技术学院
南通航运职业技术学院	中山职业技术学院
宁波职业技术学院	淄博职业学院

进一步优化，强化了生均指标权重，新增“线上开设课程数”“企业提供的校内实践教学设备值”“年支付企业兼职教师课酬”等指标项目，引导学校重视信息化教学资源和企业资源建设。

50 强院校的硬件条件持续改善，生均财政拨款水平、生均教学科研仪器设备值、企业提供的校内实践教学设备值等指标项目均值分别为 2017 年的 1.2、1.4 和 1.9 倍；教师资源、课程资源、信息化教学资源、校企合作资源进一步丰富，共开设线上课程 24 255 门，42 所院校教学计划内线下课程总数超过 1 000 门；企业兼职教师年课时总量达 237 万学时，32 所院校年支付企业兼职教师课酬超过 200 万元；27 所院校企业提供的校内实践教学设备值超过 2 000 万元；38 所院校的双师比例超过 80%。

院校资源的区域差异依然明显，50 强院校中有 33 所处于东部，占比 66%，为东部院校占全国院校数量比例的近 2 倍。中西部省份仅有 17 所院校上榜，需进一步加强教学资源建设。50 强院校教学计划内课程总数均值较去年有所下降，学校在重视线上课程开设的同时要加强线下课程建设。个别上榜院校体现职业教育类型特征的企业提供校内实践教学设备值、年支付企业兼职教师课酬等指标项目值偏低，需要引起重视。

共开设线上课程 24 255 门

专业点数 3 000 多个

2.2 专业建设

对接产业高端、高端产业和新兴产业构建专业群，服务产业转型升级，助力高质量发展。面向智能制造、高端装备、新一代信息技术、生物医药、节能环保、新能源、新材料等高端产业的专业点数达 13 100 多个，比 2017 年增加 1 000 多个，增幅明显。面向康复护理、健康养老、家政服务、学前教育等专业点数 3 000 多个，服务社会民生发展的能力增强。院校借助“互联网 +”升级改造传统专业，服务传统产业转型发展，物联网应用技术专

重点和特色专业 8 172 个

业设置智慧城市方向，模具设计与制造专业设置智能 3D 打印方向；传统商务类专业向互联网金融、大数据营销、智慧商务管理等方向拓展。山东省高职院校围绕该省“新旧动能转换综合试验区”建设，新增和优化对接“十强产业”[8] 的专业 156 个，撤销、停招专业 63 个。

建设省级以上重点和特色专业 8 172 个。院校着力建设产业支撑度高、引领辐射作用强的品牌专业与优势专业。截至 2018 年，建设校级以上重点和特色专业 14 504 个，省级以上重点和特色专业 8 172 个。湖北省高职院校围绕区域支柱产业、战略新兴产业建设装备制造、轨道交通运输、现代农业等 12 个品牌专业群、85 个品牌专业、210 个特色专业。广东轻工职业技术学院对接区域战略产业和现代服务业，重点打造智能制造类、财经管理类和艺术设计类三大专业集群的 19 个专业群、3 个协同教学中心，推进了专业群课程、师资和实践教学资源的共享。院校对接产业先进技术研发专业教学标准，开发国际认可的课程与教材，专业国际影响力逐步提升。哈尔滨职业技术学院为赞比亚的职业院校开发了《工业汉语》等系列特色教材和 APP。云南省高职院校开发并被国（境）外采用的专业教学标准 17 个、课程标准 96 个。

4 816 家企业参与现代学徒制省级以上试点专业人才培养。参与现代学徒制教育部试点单位 558 个，覆盖 1 000 多个专业点，合作企业 2 200 多家；参与现代学徒制省级以上试点院校 644 所，试点专业 2 130 个。校企联合开发现代学徒制人才培养方案 2 251 个、课程标准 13 332 个，受益

参与现代学徒制省级以上试点院校 644 所

[8] 参见《山东新旧动能转换综合试验区建设总体方案》，“十强产业”指新一代信息技术、高端装备、新能源新材料、现代海洋、医养健康、高端化工、现代高效农业、文化创意、精品旅游、现代金融服务等产业。

学生达 13.7 万人。长春汽车工业高等专科学校与现代学徒制试点企业共同开发 22 个培训模块、95 个培训单元，学徒在企业脱产培训共计 160 小时。院校发挥和科研院所、龙头企业共建特色学院、产业学院等产教融合平台的人才培养功能，提升育人质量。武威职业学院与中国科学院先进核能创新研究院联合成立“中科低碳新能源技术学院”，与科研院所、大型企业联合培养国家重大项目在西部地区落地所需的技术技能人才。

企业兼职教师年校均课时 6 489 学时。兼职教师将企业管理、技术、企业文化等元素融入教学过程，有效发挥育人作用。院校搭建技术技能平台，引进企业技能大师和能工巧匠，将技术技能培养和工匠精神养成融入日常教学。28 个省份建设了 928 个技能大师工作室，一批大国工匠、能工巧匠走进校园传承非遗文化、传统工艺和绝技绝活。甘肃有色冶金职业技术学院成立“董兵天国家级技能大师工作室”，指导青年教师薛建在第 45 届世界技能大赛甘肃赛区选拔赛中取得教职工组焊接项目第一名，荣获“甘肃省技术能手”称号。

北京信息职业技术学院学生做汽车底盘检测与维修训练

上海工艺美术职业学院玉雕教师、雕刻大师唐蓓麟在指导学生开展玉石雕刻

育训融合、书证融通，专业教学与课程育人相结合。专业技术技能教学与相关产业、行业发展的历史、趋势和文化教育相融合，教师充分挖掘所教课程的育人元素，提升课程育人功能。将行业龙头企业技术标准融入专业课程教学中，专业课程与企业标准相融合。深圳职业技术学院与华为企业认证标准深度融合，课证互嵌共生、互动共长，探索形成了“课证共生共长”模式，获得 2018 年职业教育国家级教学成果特等奖。职业教育具有实施劳动教育的天然优势，院校通过开设劳动课程、开展劳动活动、开发劳动岗位等途径培养学生劳动光荣、技能宝贵的观念。贵州轻工职业技术学院基于专业特征打造“微笑经管”“质量建工”等 7 个育人平台和文化品牌，将行业企业文化融入校园文化，厚植工匠精神。

但专业结构不平衡、不合理现象仍然比较突出。比如：教学成本较低的会计、计算机类等专业点数偏多，2018 年全国高职院校“会计”“会计信息管理”专业点数达 1 790 个，校均 1.3 个；“计算机网络技术”“计算机应用”等专业点数达 2 415 个，校均 1.7 个。院校需要加强与产业对接，及时调整专业设置。

案例 4：加强专业内涵建设，提升人才培养质量

安徽机电职业技术学院面向新产业发展开设工业网络技术专业，与芜湖市经济和信息化委员会、安徽国信智安信息科技有限公司合作成立工业互联网技术应用协同创新中心，合作共建的工业互联网人才实训基地，共同培养从事工业网络搭建、设备安装与调试和工业网络安全攻击与防护的技术技能人才。

济源职业技术学院与区域龙头企业合作建立混合所有制生产型实训工厂，根据投资额度持有不同比例股权，成立校董事会负责工厂日常运营管理。实训工厂设置精密研磨、自动机操作、设备维护等 262 个实训岗位，创新产教融合组织形态，服务师生下厂锻炼、科研项目、毕业设计等实践需要。

福建船政交通职业学院将船政文化、行业企业文化融入人才培养过程，培养方案德技相融，培养过程德技并育，评价机制德技同等，发挥课程、系、校、省和国家五级技能竞赛平台的“以赛促学、以赛促教、以赛促建、以赛促改”功能，在增强专业能力的同时，内化工匠精神与社会主义核心价值观。

高职院校专兼任教师数超过480 000

2.3 教师队伍

高职院校专兼任教师数超过 48 万。高级职称专任教师数由 2015 年的 18.1 万人增至 20.2 万人，增幅达 11.6%；拥有博士学位专任教师数由 7 502 名增至 9 876 名，增幅达 31.6%；324 所院校的双师素质教师占专任教师比例超过 75%，师资结构进一步优化。院校基于产教深度融合建立名师工作室，发挥名师示范、辐射和引领作用，带动骨干教师、青年教师成长，促进了教师教育教学能力提升和专业化发展。近几年来，高职院校涌现了一批专业水平高、教学能力强、服务成效突出的高水平教师，26 名

高职教师入选 2018 年国家“万人计划”教学名师，占当年入选高校教师总数的 23%。

校行企共同打造教学创新团队。校企互聘互兼，共同打造由专业带头人、骨干教师、兼职教师组成的“混编”教学创新团队，与行业科研院所、企业研发部门研究人员共同组建新型科研团队，提升院校人才培养和科研服务水平。天津职业大学眼视光技术专业教师团队、山西机电职业技术学院数控技术专业教师团队、南京工业职业技术学院人工智能工业应用教师团队等 10 个教师团队入选“全国高校黄大年式教师团队”。院校强化思政教师队伍建设，打造乐为、敢为、有为的思政教师队伍，构建思政课教师与专业课教师互联互通的教学团队。新疆农业职业技术学院在全疆率先成立高职院校马克思主义学院，积极开展思政课程改革，将社会主义核心价值观、中华民族共同体意识、民族团结和谐共融思想融入课程教学，课程育人作用有效发挥。

制约教师能力提升的因素还客观存在。有的地区给高职院校核定的教师编制数不足，正高级职称教师岗位比例偏低。院校教师教学工作量普遍偏高，有些院校人均年教学课时超过 400，有的甚至超过 500，教师对学生成长与发展的关注还不够。

案例 5：强化师资，活化机制，打造高端团队

常州信息职业技术学院探索形成了柔性引进高层次人才的工作模式，引进 30 名专家、教授，其中包含 1 名中国工程院院士、1 名南非国家科学院院士、2 名中组部“千人计划”特聘专家，为学校发展提供有力的智力支持和人才保障。

江西应用技术职业学院构建由教师培训交流制、青年教师导师制、教师企业锻炼制、教学能力竞赛制、专业实践技能和信息教学能力达标制、科技创新服务能力项目考核制构成的“六位一体”教师能力提升体系，推动教师综合素质和整体能力提升。2018 年入

选国家“万人计划”教学名师1人，获国家技能人才培育突出贡献奖1人。

厦门城市职业学院自2014年起实施“云顶人才计划”，选拔一批优秀中青年教学、学术、管理服务骨干重点培养，每年从奖励性绩效工资总额拨出100万元资助培养对象提升教学、科研、管理和服务能力。计划实施以来，1名教师入选国家“万人计划”教学名师，2名入选福建省教学名师，4名入选福建省高等职业院校专业带头人。

2.4 院校治理

按章办学，理顺学校外部关系。学校依据章程，建立和完善行业企业、科研院所、社会组织多方参与的理事会制度，落实理事会成员责任和权利，畅通信息沟通渠道，构建理事会成员支持学校发展的良好机制。探索建设混合制、股份制二级院系与生产性实训工厂，引入社会资本和产业元素，多主体协同育人。佳木斯职业学院牵头组建由政府部门、院校、行业企业、科研院所、创业孵化园组成的具有独立法人资格的实体性职教集团，建立集团理事会和专业建设指导委员会，形成了企业参与、集团全面协调、专业建设指导委员会实施具体工作的校企合作运行管理模式。

梳理完善学校制度体系，理顺内部治理关系。院校优化校内组织机构，强化目标责任制考核，建立教职工聘期考核制度，完善人事与财务管理、专业技术职务评聘办法，优化校内管理服务流程，提升治理能力。北京经济管理职业学院构建“分工负责、四位一体”，全过程、全要素、全员参与内部质量保证体系，不断完善质量监控与评价机制。浙江旅游职业学院实施“最多跑一次”改革，逐步实现师生到行政部门办理服务事项最多跑一次，财务报销最多跑一次，数据填报最多跑一次，师生满意度大幅提高。

取消毕业前清考，严格教学管理。高职院校加强教师课前准备、课中教学和课后管理，强化教学日常督查，取消毕业前清考，确保人才培养质量。湖南省严格实施学业预警制度，设置人才培养质量“红线”，2018年全省高职院校共向学生及家长发放学业预警通知书23 751份，给予留级、推迟毕业处理的学生分别达923人和1 763人。

院校治理能力要适应改革发展的要求。伴随高职院校办学自主权逐步扩大，职称评审权下放，需要院校建立反映类型教育特征的职称评审标准和客观公正的评审程序，确保评审质量。面对多元生源结构，需要院校积极探索弹性学制、完全学分制等教学管理制度，满足学生的多样学习要求。

案例6：深化治理，优化环境，激发师生活力

苏州经贸职业技术学院推行机关处室“大部制”改革，校内行政机构由21个精简到14个；绩效工资突出项目绩效、优劳优酬、一人一薪的激励导向；突出用人主体在职称评审中的主导作用，开展自主评聘工作，对人才培养、科技创新、社会服务、文化传承、管理服务等领域的成果一视同仁，激发了教职工干事和创业的活力。

绵阳职业技术学院把学生在创新创业、技能大赛、自主学习、在线学习等取得的突出成绩折算为学分，促进学生个性发展。近两年来，48人次凭借各类等级证书共认定96个学分，32人次凭借技能大赛获奖等共补偿90个学分，20余位同学由于技能大赛成绩突出直接进入中国工程物理研究院工作。

南京工业职业技术学院将2018年定为“课堂质量年”，发布了《“课堂质量年”实施方案》等多项文件，优化教书育人环境；评出33名“优秀教学质量奖”获得者和10名“教学标兵”，遴选15门优秀课程在全校公开观摩，树立了课堂教学改革典范。

2.5 信息技术应用

580 所高职院校校园网主干带宽达到 2 000Mbps，数字校园建设水平整体提升。1 000 多所院校依托专业教学资源库进行课堂教学，促进了教学模式改变；运用云计算、物联网技术追踪教与学行为，通过大数据的深度挖掘，分析学生的学习动态，精准化评价教师的教学行为。常州工程职业技术学院自主开发“工程云课堂”，探索基于大数据的课程教学质量评价新模式，课前、课中、课后实时采集师生教与学的过程和结果数据，实现实时诊断和及时改进。

集成校园管理系统，提升服务师生效能。院校将信息技术与教育管理工作深度融合，集成校内教学、人事、科研、学生、财务等系统，实现统一门户、统一身份认证、统一数据平台、统一表单和统一流程，有效解决信息孤岛、数据传递不通畅等问题，提升了学校管理工作效能。借助信息化挖掘管理数据背后的信息，推进管理服务的精细化与人性化，形成了“制度管权、流程管事、过程可溯、绩效可测”的治理新模式。

湖北职业技术学院师生采用仿真头模多媒体示教系统开展口腔医学专业教学

信息化建设理念与能力有待提升。信息化资源利用存在重校内使用、轻服务社会现象，社会人员获取信息资源的渠道还不够畅通。随着高职院校办学规模扩大和学生类型的多元化，需要进一步提高信息化资源利用率，适应不同层次人员的学习需求。

案例 7：构建大数据平台，推进智慧校园建设

黑龙江职业学院推进智慧教学平台建设，新增教师教学、学生学习、课程改进等服务功能，支持教师建设自我空间和进行课程线上反思，自动监测教师教学和学生学习过程，生成学生学习历程档案和教师业务档案，推进了教学管理的数字化、规范化。

江苏城市职业学院通过大数据分析建立“领导驾驶舱”，按学校管理需求，提取科研、人事、学工等 14 个业务系统的历史数据，从招生就业、教室使用等 120 个维度分析归纳出学校的整体情况，实现了人、财、物的动态化和透明化管理。

湖南汽车工程职业学院打通校内 14 个应用系统，实时采集办学数据，构建办学水平可视、教师发展可视、学生成长可视、管理服务精准的“三可视一精准”大数据分析与决策系统，推进专业教学资源库进课堂，依托“微知库”伴随式采集师生教与学行为数据，及时反馈教学状态，为师生“自我诊改”提供依据。

3 政府责任

3.1 政策落实

宏观政策支持高职高质量发展。党的十九大报告提出，完善职业教育和培训体系，深化产教融合、校企合作，为高职教育服务国家高质量发展指明了方向。中央全面深化改革委员会第五次会议审议通过了《国家职业教育改革实施方案》，完善了以改革促进职业教育发展的顶层设计，把推进高等职业教育高质量发展作为重要任务，决定启动实施“中国特色高水平高职学校和专业建设计划”，建设一批引领改革、支撑发展、中国特色、世界水平的高职学校和骨干专业群。国务院办公厅印发《关于对真抓实干成效明显地方进一步加大激励支持力度的通知》，将职业教育列入加大激励支持力度的重点内容。继国务院办公厅出台《关于深化产教融合的若干意见》后，教育部等六部门又印发《职业学校校企合作促进办法》，为推进产教融合、校企合作提供制度保证。

政策落地为高职提供良好发展环境。在地方政府结合实际落实国家政策、主动为高职发展创设良好环境的地区，当地高职院校改革发展态势较好。常州市政府创造性推动政策在高职园区落地。高起点同步规划高职园区与产业园区建设，推动由政、行、企、校共建共享的近 20 余个产教融合实训基地和技术创新公共服务平台，为高职园区的院校建设降低土地出让费、免收建设规费、全额返回老校区资产置换的地方收益，累计减免费用超过 50 亿元。实施“350”高层次人才互聘计划，推进园区科研机构、高科技企业与院校在专业建设、人才培养、技术服务、队伍建设等方面深度对接合作，实现协同发展。常州高职院校为常州制造业培养近 30 万“现代工匠”，每万名劳动者中就有高技能人才 1 100 余人，连续 5 年位居江苏省第一。

株洲市加大政策和经费支持力度，推动地方高职院校转型发展，为地方产业新旧动能转换提供人才和智力支撑。市委市政府根据发展新能源汽车产业的需要，支持原株洲职业技术学院更名为湖南汽车工程职业学院；投入10.26亿元建设新校区，实施“交钥匙工程”；投入引导资金1.5亿元，支持学院专业调整、师资队伍建设和资源建设。学校主动撤销8个传统专业，新增10个汽车产业链相关专业，52名教师成功转型，汽车类专业在校学生占比达70%以上，为汽车企业培训员工4 583人，与汽车企业联合开展技术攻关48项。

金华市政府落实配套政策，打造高素质技术技能人才培养高地。主动解决金华职业技术学院产教融合过程中人员编制、税收等问题，为建设国家产教融合工程“智能化精密制造实训中心”划拨61亩[9]工业用地；为支持四川抗菌素工业研究所金华分所建设和实施《高等职业教育创新发展行动计划（2015—2018年）》（以下简称《行动计划》）分别投入5 000万元。金华职业技术学院主动对接地方优势主导产业、战略性新兴产业和五大千亿产业发展，提供人才和智力支撑，实现跨越式发展，已为本地输送近5万名高素质技术技能人才。

深圳市高标准落实政策，支持深圳职业技术学院创建中国特色、世界一流高职院校。生均财政拨款达到39 700元，生均财政企业实习经费补贴达到3 597元，企业兼职教师财政专项补贴超过200万元，为高层次人才引进提供配套政策。深圳职业技术学院扎根特区办学，服务特区发展，已培养高素质技术技能人才10万余人，90%以上的毕业生留在深圳本地就业，有49.5%的2017届毕业生服务于深圳四大支柱产业，41.9%的毕业生就业于深圳的新兴产业。

但是，政策在一些地方落地困难。《财政部 教育部关于建立完善以改革和绩效为导向的生均拨款制度加快发展现代高等职业教育的意见》在一些地级市还没有落实到位。2018年，还有283所独立设置的公办高职院校生均财政拨款不足12 000元[10]。国家鼓励地方支持高职教育改革和提高质量的政策导向，没有引起地方政府的真正重视，财政经费补贴不到位，公办高职院校中生均企业实习经费财政专项补贴为零的院校821所，生均企业实习责任保险财政专项补贴为零的院校825所，支付企业兼职教师课酬

[9] 1亩=1/15公顷。

[10] 根据各高职学校2019质量年度报告数据分析。

财政专项补贴为零的院校 919 所，事业编制超编的高职院校达 434 所[11]。

首次发布各地落实政策综合评价结果。根据质量年报发布的落实政策表，从生均财政拨款政策落实、编制政策支持、产教融合财政补贴政策落实情况，以及《行动计划》执行绩效和工作通报等，首次对各地政策落实情况进行综合评价（见表 4）。浙江、江苏、天津等省份生均财政拨款政策落实到位，浙江、湖南、山东等省份的编制满足率高，江苏、广东、山东、湖南等省份的产教融合补贴政策执行覆盖面广，广东、江苏、浙江、河北等省份的《行动计划》实施绩效好。但是，有的省份政策落实不力，推进《行动计划》存在重申报、轻建设现象，推进诊改工作不深入，发布的质量年报质量不高、合规性差，被教育部通报多次。

表 4　地方落实政策情况综合评价表

	省份
A	浙江、江苏、广东、湖南、天津、山东、河北
B	北京、上海、新疆、河南、陕西、甘肃、湖北、山西
C	安徽、江西、四川、重庆、福建、广西、吉林、贵州、云南、内蒙古、宁夏
D	黑龙江、海南、辽宁、青海、西藏

3.2 专项引导

启动任务 1310 项

《行动计划》引领取得成效。2018 年是《行动计划》收官之年。《行动计划》在引导地方加大对高职发展投入、推进高职综合改革和创新发展等方面发挥着积极作用，经过三年实施，建设成效明显。各地共启动任务 1 310 项，启动率 99%，启动项目 396 个，启动率 96%，31 个省份和新疆生产建设兵团立项建设优质高等职业院校 490 所、骨干专业（群）4 208 个，省级财政实际投入经费 264.8 亿元，经费执行率达到 128.6%[12]。

骨干专业（群）4208 个

[11] 根据各高职学校 2019 质量年度报告数据分析。

[12] 数据来源：《关于〈高等职业教育创新发展行动计划（2015—2018 年）〉执行情况及 2018 年有关工作完成情况的通报》（教职成司函〔2019〕20 号）。

有些地方能够抓住实施《行动计划》的发展机遇，加大经费投入，其任务（项目）建设的整体绩效较好。例如浙江、江苏、河北等省份实际投入经费执行率超过 200%。其中，浙江省承接的项目（任务）建设启动率和完成率都达到 100%，省级财政三年累计投入建设经费 22.3 亿元，经费执行率达到 276.7%，位居各省份前列；江苏省为 8 所卓越高职院校建设单位每校年投入 2 000 万元；新疆投入专项资金 2.13 亿元，支持 17 所高职院校改善办学条件，加强实训基地建设[13]。

教学资源库项目服务效应逐步显现。2018 年，教育部、财政部对 30 个职业教育专业教学资源库项目进行验收，另遴选确定 81 个项目进入国家级备选资源库。112 个国家级专业教学资源库发挥着示范辐射作用。虚拟仿真资源建设，解决了职业教育实训教学中“看不见、进不去、动不了、难再现”难题；33 个资源库主动对接国家战略性新兴产业发展；助力精准扶贫，近半数注册者为中西部用户；建设网上农民大学，开发新型职业农民培训课程和新技术培训课程；服务“一带一路”建设，物流管理及制冷与冷藏技术资源库分别为 40 多个国家培训学员；11 个民族文化传承与创新子库传承和弘扬优秀民族文化。

地方加大对现代学徒制试点政策支持力度，项目覆盖 1 000 多个专业点，助推产教融合、校企合作，试点取得成效。试点单位立足地方产业与区域特点，先行先试、大胆探索，不断完善政策支持，积极探索校企联合招生、联合培养、双主体育人的长效机制，形成了一批对接产业、可复制、可推广的经验。地方主体责任不断夯实，北京市现代学徒制试点专项经费达 10.3 亿元；山东省明确相关部门责任，联合推进试点；广东省出台地方法规，引导行业企业参与现代学徒制。成本分担机制逐步成型，如

112个 国家级专业教学资源库

[13] 数据来源：《关于〈高等职业教育创新发展行动计划（2015—2018 年）〉执行情况及 2018 年有关工作完成情况的通报》（教职成司函〔2019〕20 号）。

中山市对合作开展现代学徒制的本市企业每培养 1 名毕业生给予 2 000 元补助；青岛市明确院校和企业按照 1 ： 1 分担培养经费。双主体育人机制逐步健全，552 个试点院校与企业共建二级学院，共同开发课程，共同承担培养任务。

3.3 质量保障

教学诊断与改进工作有待加强。2018 年，全国职业院校教学工作诊断与改进专家委员会指导湖北、江苏、江西、陕西、四川等省份制定复核实施方案，对部分试点院校进行诊改复核。从试点院校复核结果看，诊改工作强化了试点院校质量主体意识，推动了内部质量保证体系建设和完善，优化了学校信息化建设和管理手段。但是，部分地区省级统筹作用发挥不够，没有结合学校实际进行分类指导，诊改工作没有聚焦到教学质量监控与持续改进机制建设上，有泛化为对学校全面工作进行评价的倾向，对信息化与诊改的关系认识有偏差，阻碍了诊改工作的广泛推进。部分高职院校不适应高质量发展的新要求，质量主体意识不强，质量保证缺少制度化、系统化设计，没有把诊改作为构建内部质量保证体系和推进院校治理能力现代化的重要抓手。

适应社会需求能力评估持续推进。2018 年，国务院教育督导委员会办公室开展了第二轮高等职业院校适应社会需求能力评估工作，在引导高职院校深化产教融合，以适应社会需求能力为质量导向，对接科技发展趋势和市场需求，提升服务地方和产业发展能力等方面取得成效。

1 344 所高职院校全部面向社会发布质量年报，实现了应报尽报，落实了《国家中长期教育改革和发展规划纲要（2018—2025）》提出的“建立高等学校质量年度报告发布制度”。30 个省份和新疆生产建设兵团报送了省级年报，544 所高职院校联系 1 155 家企业发布了企业参与高等职业教育人才培

1344 所 高职院校 全部面向社会发布质量年报

养年度报告，比 2017 年 465 所高职院校联系的 806 家企业，分别增加了 17% 和 43.4%。

对省级质量年报的合规性评价发现，北京、广东、贵州、河北等 14 个省份质量年报合规性整体水平比较高（见表 5）。但是，辽宁、青海、新疆生产建设兵团分别发布的 3 份省级质量年报缺少国际合作部分内容，广西、辽宁分别发布的 2 份省级质量年报中 6 张表格全部缺失[14]。省级质量年报合规性多年评价较差的省份，其所属院校的质量年报合规性质量总体水平也不高。

对高职院校质量年报的合规性评价发现，广东、贵州、江苏等 12 个省份的院校质量年报合规性水平高于全国平均值（见表 6）。但是，72 所院校未提交“内容真实性责任声明”，安徽扬子职业技术学院、厦门南洋职业学院、桂林山水职业学院等院校已连续五年排序靠后。

表 5　省级质量年报合规性评价等级排序

等级	地区	数量
A	北京、广东、贵州、河北、湖北、湖南、江苏、宁夏、山西、陕西、上海、云南、浙江、重庆	14
B	福建、甘肃、海南、河南、黑龙江、江西、内蒙古、山东、四川、天津、新疆	11
C	安徽、广西、吉林、青海、新疆生产建设兵团、辽宁	6

表 6　院校质量年报合规性评价地区得分排序

地区	平均值
广东	91.94
贵州	90.74
江苏	86.57
黑龙江	86.57
浙江	85.07
湖南	84.86
云南	84.61

[14] 数据来源：《关于〈高等职业教育创新发展行动计划（2015—2018 年）〉执行情况及 2018 年有关工作完成情况的通报》（教职成司函〔2019〕20 号）。

续表

地区	平均值
陕西	84.52
天津	84.28
宁夏	83.97
北京	83.55
河北	83.55
平均	82.77
海南	82.71
山东	82.24
四川	81.76
湖北	81.73
江西	81.46
广西	80.99
甘肃	80.85
安徽	80.62
重庆	80.58
辽宁	80.16
山西	79.94
上海	79.30
河南	78.67
西藏	78.34
福建	78.02
青海	77.99
新疆生产建设兵团	77.48
新疆	77.19
内蒙古	76.41
吉林	75.95

表7　2018年院校质量年报合规性评价得分排序后50名学校

地区	报送院校数	后50名院校数	学校名单
山西	47	2	山西信息职业技术学院、阳泉师范高等专科学校
内蒙古	34	3	阿拉善职业技术学院、鄂尔多斯生态环境职业学院、科尔沁艺术职业学院
吉林	26	1	白城职业技术学院
江苏	89	3	盐城幼儿师范高等专科学校、应天职业技术学院、钟山职业技术学院

续表

地区	报送院校数	后50名院校数	学校名单
浙江	48	1	浙江邮电职业技术学院
安徽	73	5	安徽矿业职业技术学院、安徽林业职业技术学院、安徽旅游职业学院、安徽扬子职业技术学院、蚌埠经济技术职业学院
福建	50	8	福建艺术职业学院、福州黎明职业技术学院、福州英华职业学院、泉州纺织服装职业学院、泉州工程职业技术学院、泉州工艺美术职业学院、厦门南洋职业学院、武夷山职业学院
江西	54	3	上饶幼儿师范高等专科学校、上饶职业技术学院、宜春幼儿师范高等专科学校
山东	75	2	青岛求实职业技术学院、山东传媒职业学院
河南	75	5	河南艺术职业学院、漯河食品职业学院、许昌陶瓷职业学院、长垣烹饪职业技术学院、郑州工业安全职业学院
湖北	56	5	湖北青年职业学院、湖北体育职业学院、武汉工贸职业学院、武汉科技职业学院、武汉外语外事职业学院
广西	36	2	广西体育高等专科学校、桂林山水职业学院
四川	59	2	内江职业技术学院、四川应用技术职业学院
云南	45	1	云南现代职业技术学院
陕西	38	1	西安东方亚太职业技术学院
甘肃	27	1	白银矿冶职业技术学院
青海	8	1	西宁城市职业技术学院
宁夏	10	1	宁夏艺术职业学院
新疆	26	3	新疆科技职业技术学院、新疆维吾尔医学专科学校、新疆现代职业技术学院

3.4 经费投入

高职生均财政经费保障达到政策目标。《2018中国教育经费统计年鉴》数据显示，2017年，全国各地高职高专学校生均公共财政预算教育经费支出的平均水平为15 455.13元，比上一年增长16%。

各地生均公共财政预算教育经费支出均已超过12 000元，由此可见《财政部 教育部关于建立完善以改革和绩效为导向的生均拨款制度加快发展现代高等职业教育的意见》（财教〔2014〕352号）有关“2017年各地高职院校年生均财政拨款水平应当不低于12 000元”的要求已基本落实，为保障高职教育经费发挥了积极作用，各地财政为保障高职教育经费投入也做出了积极努力。

需要注意的是，个别省份尽管生均财政拨款水平达到政策要求，但是与上一年度相比出现了倒退：内蒙古下跌0.5%、宁夏下跌2.86%、浙江下跌8.35%、新疆下跌14.38%。在实现国家政策目标以及高职教育大发展的背景下，继续做好经费保障工作，仍需在力度不减和执行到位等方面下功夫。

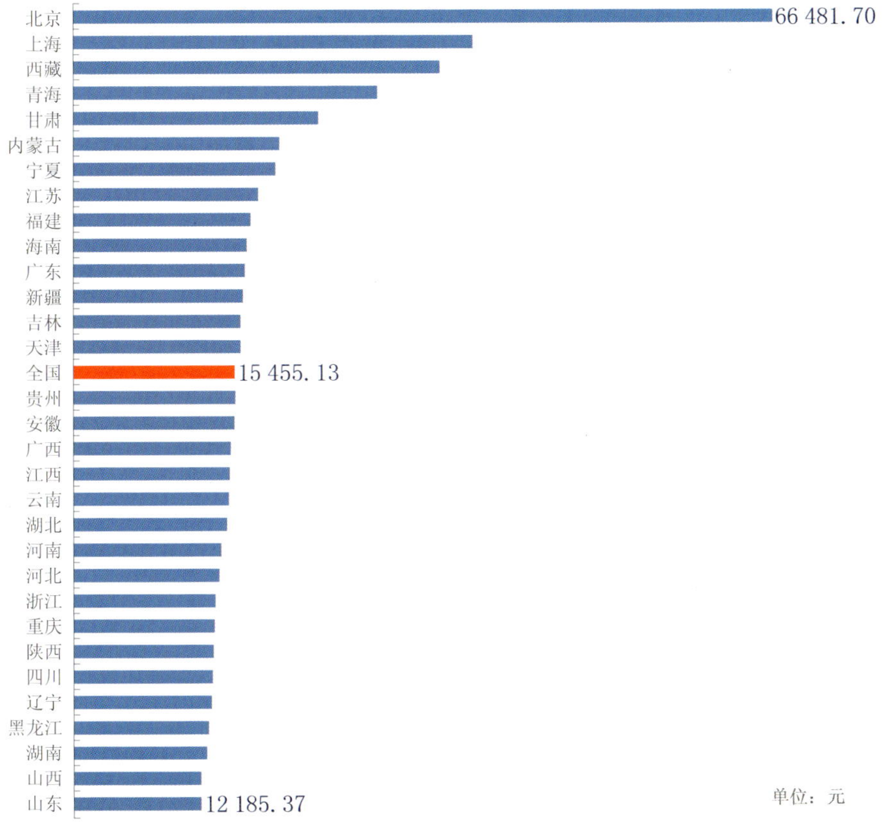

图18 2017年地方普通高职高专学校生均公共财政预算教育经费支出

数据来源：《2018中国教育经费统计年鉴》。

生均财政经费保障水平的地区差异仍然较大。数据显示，北京、上海、西藏、青海、甘肃、内蒙古等 6 个省份的高职院校生均公共财政预算教育经费支出水平超过 2 万元。

高职生均学费占农村消费支出的比例进一步下降。2017 年，全国高职高专学校生均学费为 4 709.8 元，约占全国农村居民人均消费支出水平的 43%，比 2016 年下降 4 个百分点。全国有 11 个省份的高职学费占当地农村居民人均消费支出超过全国平均水平，广西、重庆 2 个省份超过 60%。

表 8　2017 年全国各地高职高专学校生均学费负担情况一览表

地区		高职高专学校生均学费	分地区农村居民人均消费支出	高职学费负担
		A/ 元	B/ 元	A/B（倍）
1	广西	6 097	9 437	0.65
2	重庆	6 664	10 936	0.61
3	陕西	5 358	9 306	0.58
4	海南	5 426	9 599	0.57
5	吉林	5 651	10 279	0.55
6	云南	4 196	8 027	0.52
7	黑龙江	5 336	10 524	0.51
8	甘肃	3 921	8 030	0.49
9	河北	4 912	10 536	0.47
10	山东	4 757	10 342	0.46
11	山西	3 747	8 424	0.44
全国		4 710	10 955	0.43
12	广东	5 666	13 200	0.43
13	湖北	4 895	11 633	0.42
14	辽宁	4 507	10 787	0.42
15	上海	7 238	18 090	0.40
16	福建	5 545	14 003	0.40
17	湖南	4 525	11 534	0.39
18	内蒙古	4 704	12 184	0.39
19	宁夏	3 807	9 982	0.38
20	天津	6 160	16 386	0.38
21	河南	3 448	9 212	0.37
22	浙江	6 534	18 093	0.36

续表

地区		高职高专学校生均学费	分地区农村居民人均消费支出	高职学费负担
		A/ 元	B/ 元	A/B(倍)
23	贵州	2 974	8 299	0.36
24	四川	4 001	11 397	0.35
25	新疆	2 970	8 713	0.34
26	西藏	2 177	6 692	0.33
27	江西	3 133	9 870	0.32
28	江苏	4 917	15 612	0.31
29	安徽	3 405	11 106	0.31
30	北京	5 312	18 811	0.28
31	青海	2 240	9 903	0.23

数据来源：《2018 中国统计年鉴》《2018 中国教育经费统计年鉴》。

高职生均学费略有下降。与 2016 年相比，全国高等职业院校生均学费降低 0.1%，但有 15 个省份高等职业教育学费有所增长。值得注意的是：天津、安徽、北京、上海等 4 个省份增幅在 10% 以上。

表 9　2017 年各地高职高专学校生均学费增长情况一览表

单位：元

地区		2016 年	2017 年	增幅
1	天津	5 038	6 160	22.3%
2	安徽	2 906	3 405	17.2%
3	北京	4 652	5 312	14.2%
4	上海	6 404	7 238	13.0%
5	陕西	5 015	5 358	6.8%
6	吉林	5 409	5 651	4.5%
7	福建	5 366	5 545	3.3%
8	黑龙江	5 170	5 336	3.2%
9	内蒙古	4 589	4 704	2.5%
10	广西	5 968	6 097	2.2%
11	四川	3 927	4 001	1.9%
12	新疆	2 917	2 970	1.8%
13	湖南	4 505	4 525	0.4%
14	山东	4 742	4 757	0.3%

单位：元　续表

地区		2016 年	2017 年	增幅
15	湖北	4 894	4 895	0.0%
全国		4 716	4 710	-0.1%
16	重庆	6 733	6 664	-1.0%
17	河北	4 975	4 912	-1.3%
18	广东	5 750	5 666	-1.5%
19	浙江	6 634	6 534	-1.5%
20	江苏	5 022	4 917	-2.1%
21	辽宁	4 626	4 507	-2.6%
22	云南	4 321	4 196	-2.9%
23	宁夏	3 993	3 807	-4.7%
24	江西	3 328	3 133	-5.8%
25	河南	3 680	3 448	-6.3%
26	贵州	3 205	2 974	-7.2%
27	海南	5 930	5 426	-8.5%
28	甘肃	4 336	3 921	-9.6%
29	山西	4 262	3 747	-12.1%
30	西藏	2 604	2 177	-16.4%
31	青海	3 050	2 240	-26.5%

数据来源：《2018 中国教育经费统计年鉴》。

4 国际合作

4.1 国际影响力 50 强

国际影响力 50 强指标主要涵盖留学生培养培训、专业课程标准采用、国（境）外服务与影响等 3 个维度，包括全日制国（境）外留学生人数、非全日制国（境）外人员培训量、在校生服务“走出去”企业国（境）外实习时间、专任教师赴国（境）外指导和开展培训时间、在国（境）外组织担任职务的专任教师人数、开发并被国（境）外采用的专业教学标准数、

表 10　2018 年高等职业院校国际影响力 50 强（按音序排列）

院校名称	院校名称
常州机电职业技术学院	宁波职业技术学院
常州轻工职业技术学院	青岛酒店管理职业技术学院
常州信息职业技术学院	日照职业技术学院
重庆城市管理职业学院	山东科技职业学院
重庆工程职业技术学院	陕西铁路工程职业技术学院
重庆工业职业技术学院	苏州农业职业技术学院
福建信息职业技术学院	天津渤海职业技术学院
广东机电职业技术学院	铜仁职业技术学院
广东农工商职业技术学院	威海职业学院
哈尔滨职业技术学院	潍坊职业学院
海南职业技术学院	无锡商业职业技术学院
河北对外经贸职业学院	无锡职业技术学院
河北旅游职业学院	武汉职业技术学院
黄河水利职业技术学院	锡林郭勒职业学院
江苏工程职业技术学院	徐州工业职业技术学院
江苏海事职业技术学院	烟台职业学院
江苏建筑职业技术学院	盐城工业职业技术学院
江苏经贸职业技术学院	扬州工业职业技术学院
江苏农林职业技术学院	义乌工商职业技术学院
江苏农牧科技职业学院	云南交通职业技术学院
金华职业技术学院	长春汽车工业高等专科学校
南京工业职业技术学院	浙江交通职业技术学院
南京交通职业技术学院	浙江旅游职业学院
南京科技职业学院	浙江商业职业技术学院
南通航运职业技术学院	淄博职业学院

开发并被国（境）外采用的课程标准数、国（境）外技能大赛获奖数 8 个指标项目，强调专业课程标准水平、国（境）外服务与影响，重视国际合作的内涵和质量。

国（境）外采用的专业和课程标准、专任教师国（境）外服务时间、国（境）外担任职务、国（境）外大赛获奖是体现国际影响的重要指标。与上一年相比，50 强院校这几项指标的平均值增长接近或超过一倍，增幅分别达到 92.0%、143.9%、93.1%、102.4%。与此同时，来华全日制留学、非全日制培训规模等指标平均值的增幅为 24.9%、5.5%。反映了高职院校在进一步扩大留学生数量的同时，更加注重提升内涵质量。

中西部地区有 11 所院校入选国际影响力 50 强，覆盖贵州、内蒙古、陕西、云南、重庆、河南、黑龙江、湖北、吉林等 9 个省份，其中，云南、内蒙古、黑龙江、吉林等为沿边境省份。中西部地区尤其是沿边境省份院校发挥区位优势，面向“一带一路”沿线国家，发挥专业技术优势和技术技能人才培养优势，正在成为对外开放办学的窗口和桥梁，形成国际合作亮点。

常州信息职业技术学院实行校企融通培养来自南非的 141 位留学生

来华留学规模达17000人

4.2 来华留学

留学生规模扩大与规范管理服务同步。高职院校全日制来华留学规模达1.7万人，比2017年增长近50%，是2016年的2.4倍；非全日制培训规模比2016年增长超3倍。与2016年相比，来华留学生超过500人的省份从5个增加到9个，招生数量不足百人的省份从21个减少到12个，50余所高职院校留学生数量过百人、26所高职院校留学生数量超过200人，留学生国别范围从集中于我国周边数个国家，逐步扩展到东盟、中亚、非洲等数十个国家。留学生规模扩大和来源多样性增加了管理服务的复杂性和挑战性。

为适应新形势，高职院校在持续扩大留学生规模的同时，更加重视规范管理服务，通过不断完善规章制度、强化管理队伍建设、优化保障服务，使留学生日益融入高职院校日常教学、实习实训和校园生活。内蒙古锡林郭勒职业学院等7所高职院校招收蒙古、俄罗斯、南非等10个国家留学生近400名，配套制定留学生管理办法、生活管理制度，提供奖（助）学金、实习实训和生活服务，为留学生培养营造了良好环境。海南经贸职业技术学院将留学生专业管理、日常教学、学籍管理纳入学校统一管理，制定了适用所有学生的《学生手册》，专门出台《国际学生奖学金管理规定》等，使留学生与国内学生共同享受各类教育资源和学习机会。

留学生多元协同培养模式逐步形成。高职院校留学生来源国以新兴市场国家和发展中国家为主，多处于工业化初、中期阶段，亟需大量与当地经济社会发展相适应的技术技能人才。高职院校主动对接生源国人才需求，发挥职业教育产教融合、校企合作、工学结合特色优势，深化与境内外政府、企业、院校合作，瞄准留学生毕业后可能从事的行业岗位需求修订人才培养方案，探索构建政校企多元主体协同培养模式，提升了留学生培养的系统性、针对性和培养质量，得到了不少国家、地区政府和企业的认可，增强了高职院校留学吸引力。浙江商业职业技术学院与雷迪森旅业集团深度合作，以现代学徒制模式培养了 101 位尼泊尔学生，校企协同制定专业课程标准，实行校企双导师、校内外双课堂、学生学徒双身份，实现留学生知识、技能双提升。

案例 8：探索规范化管理，提高留学生培养质量

徐州工业职业技术学院现有留学生 449 名，生源地涵盖东南亚、中亚和非洲 24 个国家。学校改革留学生管理机制，针对留学生教育背景、生活习惯、思维方式迥异的情况，以适应性教育为主导、纪律约束为保障，奖优汰劣，坚持标准，保证质量，2018 年劝退不合格留学生 32 人。

柳州铁道职业技术学院对接高铁技术发展，打造优质教学资源，网络直播课堂教学增强国际化教学的吸引力。中新网直播泰国留学生“高铁信号控制”“高铁轨道施工与维护实训”的课堂学习，利用外在力量激发教师课堂教学改革的内在动力，增强课堂吸引力，激发学生学习欲望，让学生有更多的获得感。

昆明冶金高等专科学校与企业联合培养冶金材料类技术技能人才，企业投入 160 万元，校企基于实际岗位需求共同设计教学内容，教学过程对接企业生产过程，向企业输送优秀印尼留学生 46 名，为企业海外发展提供人才支撑。

长沙商贸旅游职业技术学院湘菜大师为来校接受培训的萨摩亚厨师传授湘菜烹饪技术

4.3 境外办学

在境外建立 33 个海外分校

30 所高职院校在境外设立实体办学机构。近年来，北京信息职业技术学院等 30 余所高职院校在境外建立 33 个海外分校，覆盖亚洲、非洲、北美洲、欧洲、大洋洲等五个洲。无锡商业职业技术学院与红豆集团联合申办柬埔寨西哈努克港工商学院获准建校办学，成为我国首个高职院校在海外成立的校企合作股份制应用型本科大学。金华职业技术学院与卢旺达北方省穆桑泽职业技术学校合作设立职业技能发展中心，帮助卢旺达培养机械制造、信息技术、酒店管理、建筑和农业等方面的实用型技术技能人才，在校生超过 1 000 人，成为卢旺达北方省最大的职业技术培训中心，受到习近平主席的关注 [15]。

表 11　2012—2018 年部分高职院校设立海外分校情况 [16]

高职院校	年度	国家
北京信息职业技术学院	2015	埃及
山东理工职业学院	2018	澳大利亚
广州铁路职业技术学院	2017	白俄罗斯
深圳职业技术学院	2017	保加利亚
宁波职业技术学院	2016	贝宁
江苏海事职业技术学院	2016	几内亚
重庆城市管理职业学院	2014	柬埔寨
广东农工商职业技术学院	2015	柬埔寨
浙江金融职业学院	2017	柬埔寨
淄博职业学院	2017	柬埔寨
无锡商业职业技术学院	2018	柬埔寨
温州职业技术学院	2018	柬埔寨
浙江交通职业技术学院	2017	喀麦隆
金华职业技术学院	2017	卢旺达
顺德职业技术学院	2012	马来西亚
福州职业技术学院	2018	马来西亚

[15] 习近平主席在对卢旺达共和国进行国事访问前，在卢旺达《新时代报》发表署名文章《中卢友谊情比山高》，专门提到“穆桑泽职业技术学校已成为卢旺达北方省最大的职业技术培训中心”。

[16] 资料来源：（1）聚焦职教 .30 所职校海外分校“落地开花”，2018 年职教扬帆海外纪实 [EB/OL]. http://www.sohu.com/a/283848369_214420，2018-12-22/2019-03-23；（2）各高职院校质量年度报告。

续表

高职院校	年度	国家
上海医药高等专科学校	2012	美国
山东外贸职业学院	2016	美国
常州工程职业技术学院	2018	缅甸
海南职业技术学院	2018	尼泊尔
广东农工商职业技术学院	2015	泰国
天津渤海职业技术学院	2016	泰国
柳州铁道职业技术学院	2017	泰国
无锡职业技术学院	2017	泰国
南京工业职业技术学院	2018	泰国
河北软件职业技术学院	2018	泰国
山东理工职业学院	2018	泰国
福建信息职业技术学院	2018	泰国
北京农业职业学院	2018	泰国
山东科技职业学院	2017	乌干达
柳州城市职业学院	2017	印度尼西亚
南京工业职业技术学院	2016	赞比亚
黄河水利职业技术学院	2018	赞比亚

“鲁班工坊”成为中国职业教育国际交流合作新名片。《中国教育现代化 2035》提出，鼓励有条件的职业院校在海外建设“鲁班工坊”。2012 年以来，部分高职院校先后在泰国、英国、印度、印度尼西亚、巴基斯坦、柬埔寨等国与当地机构合作成立“鲁班工坊”，培养培训数千名技术技能人才。2018 年，天津渤海职业技术学院成立“鲁班工坊”研究与推广中心，天津轻工职业技术学院成立“鲁班工坊建设 • 体验馆”；天津市教委与葡萄牙合作成立“鲁班工坊”；国家确定在非洲设立 10 个“鲁班工坊”，向当地青年提供职业技能培训，成为打造中非命运共同体的重要行动[17]。

[17] 习近平主席在 2018 年中非合作论坛北京峰会开幕式上的主旨讲话中提出，实施中非命运共同体“八大行动”，在非洲设立 10 个“鲁班工坊”，向非洲青年提供职业技能培训。

天津轻工职业技术学院数控设备应用与维护专业带头人在印度“鲁班工坊”开展实训教学

595个专业教学标准落地国（境）外。高职院校携手国外学校、跨国公司和企业，发挥产业和专业优势，共同制定国际水平的专业标准和课程标准，得到发展中国家甚至发达国家和地区的认可。开发并被国（境）外采用的专业教学标准595个、课程标准3 349个，是2017年的2.2倍。广西工业职业技术学院与广西建工集团等企业联合开发制糖生产技术、电气自动化技术和机械制造技术等3个专业标准和甘蔗制糖生产过程等30余门课程，得到埃塞俄比亚、泰国等国家的企业和学校采用。广东农工商职业技术学院与广东农垦橡胶集团海外公司合作开发《橡胶加工安全生产规范标准》，被泰国、柬埔寨、马来西亚、印度尼西亚等4个国家20多家海外公司认定和使用，提高了集团海外公司的安全生产水平，为世界橡胶行业安全生产提供借鉴和参考。

助推中国先进技术“走出去”。高职院校瞄准外向型行业企业，在高速铁路、道路桥梁、现代农业、信息通信等行业开展技术和培训服务，向世界推广具有中国自主知识产权的先进技术。潍坊职业学院选派教师团队参加援非合作，培训技术人员400余人次，为当地选育良种11个，繁种面积15公顷，3名教师被当地政府授予“突出贡献外国专家”称号。湖南城建职业技术学院与湖南建工集团共建“中湘海外”技术人员培训基地，共同开发海外建筑工程技术技能人才培训资源包，订单培养学生110名，培训当地技术人员20 450人次，助推建筑湘企“走出去”。2018年，专任教师赴国（境）外指导和开展培训时间超过10人日的高职院校达到401所，比2017年增加48所；专任教师在国（境）外组织担任职务的超过1 400人，比2017年增加66.4%；在校生服务“走出去”企业国（境）外实习时间超过10人日的达到300所，比2017年增加16所。

4.4 服务“一带一路”倡议

“一带一路”沿线国家成为高职院校留学生主要生源地。高职院校面向“一带一路”沿线国家，“引进来”“走出去”并举，开展职业学历教育和技能培训，推动技术技能人才本土化。高职院校设立的33个海外分校中，72.7%分布于“一带一路”沿线国家。江苏、浙江等省份高职院校约90%的留学生来自“一带一路”沿线国家，北京4所高职院校建设了沿线国家人才培养基地。来华留学生学成归国反哺当地，宁波职业技术学院为东帝汶培养45名学生，东帝汶总理夫人伊莎贝尔在感谢信中写道：“随着东帝汶毕业生的归国，这些学员的生活开始了一个新的阶段，他们正在用学到的先进知识和技能，提升他们的生活和工作，为国家和家庭的发展作出贡献。”

案例9：开展“一带一路”高职行动，为当地培养本土人才

河北软件职业技术学院在泰国吞武里商业学院成立“祖冲之学院”，发挥软件技术和动漫制作技术等专业优势，共建共享“汉语+专业课程”资源，培养本土技术技能人才。黄河水利职业技术学院面向赞比亚，辐射南部非洲，与中水十一局共建赞比亚大禹学院，培养焊接、机械维修、工程测量等专业的本土人才。

上海城建职业学院牵头成立上海“一带一路”建设技术学院，面向10个国家（地区）的学员，传播中国建造文化、技术和标准。长沙民政职业技术学院与老挝相关机构开展多层次合作，共同研发老挝国家职业标准、共建“长沙民政职业技术学院（老挝）高技能人才培训中心”，服务当地重点行业发展。

山东理工职业学院与泰国曼谷职业教育中心等合作共建孔子六艺学堂，招收当地学生传授汉语、中国文化和当地发展所需的专业知识，培养“一带一路”沿线国家本地双语技能人才。

广西、云南等9个陆上沿边境省份院校发挥服务桥梁作用。我国陆上沿边境有9个省份[18]，通过陆地与15个国家相邻，9省共有296所高职院校，占全国高职院校总数的比例超过五分之一[19]。2018年高职留学生招收总规模最多的10个省份中，有4个为边境或西部省份。沿边境省份高职院校依托区位有利条件，探索建设“国门高职”新模式，通过人才培养、技术服务等职能，逐步发挥了睦邻、安邻、富邻的作用，努力为国家民间外交作出贡献。广西成立55家中高职院校及行业企业参加的“中国－东盟边境职业教育联盟”，借助与东盟各国文化相近、地缘相邻优势，发展边境地区职业教育交流合作，共招收548名全日制留学生。兰州石化职业技术学院设立“丝绸之路校长奖学金”，招收50名来自巴基斯坦、哈萨克斯坦、吉尔吉斯斯坦、老挝、泰国、文莱等国家的留学生。

[18] 9个省份包括辽宁、吉林、黑龙江、内蒙古、甘肃、新疆、西藏、云南和广西。

[19] 数据来源：教育部规划司，高等教育学校（机构）数[EB/OL].http://www.moe.gov.cn/s78/A03/moe_560/jytjsj_2017/gd/201808/t20180808_344750.html.

"中国－东盟交通职业教育联盟"等15个合作体"组团"服务"一带一路"。一批高职院校与"一带一路"沿线国家政府、企业、院校等合作，通过组建联盟、职教集团、研究中心等，构建"一带一路"教育合作体，"组团"开展合作办学、留学生培养、技术服务、文化交流等，推动职业教育资源共建共享，提升国际合作水平。各院校质量年度报告显示，高职院校牵头成立的职业教育合作发展平台已经超过15个，推动国际合作更为机制化、长效化，增强职业教育共建共享的持续性、稳定性和深入性，更好地推动了职业教育服务"一带一路"落地、落实。

案例10：多方共建国际合作平台，分享职教发展模式与经验

成都纺织高等专科学校联合中外20余所高校成立"一带一路"国际艺术教育联盟，吸引国内外72个高等教育机构、行业协会、研究机构和博物馆加盟。广西建立"中国－东盟职业教育研究中心"，开展中国和东盟国家的职业教育学术研究、政策咨询和教学交流，2012年起每年举办"中国－东盟职业教育联展暨论坛"。

浙江交通职业技术学院联合30余家职业院校、研究机构和企业，组建"中国－东盟交通职业教育联盟"。地处海上丝绸之路先行区的黎明职业大学，发起成立"海上丝绸之路职业教育国际化联盟"。广东轻工职业技术学院牵头成立广东省"'一带一路'职教联盟"，政校行企成员达89家。

宁波职业技术学院牵头成立发展中国家职业教育研究院，将理论研究、实地考察与国际合作相结合，研究发布《"一带一路"沿线国家职业教育研究蓝皮书·南亚卷》。与孟加拉国文凭工程师协会、斯里兰卡职业技术大学合作成立"中国－南亚职业教育研究中心"，并在孟加拉国设立"孟加拉国－中国职业教育研究中心"，在斯里兰卡设立"斯里兰卡－中国职业教育研究中心"。

义乌工商职业技术学院组织留学生召开丝路新年诗会，推动文明交流互鉴

高职院校国际合作已经取得一定成效，正在形成多渠道扩大国际影响的新态势，300 余所高职院校招收全日制国（境）外留学生，1 400 余名专任教师在国（境）外组织担任职务，学生在国（境）外技能大赛中获得 1 200 余个奖项。但是，目前高职院校的国际合作与交流主要依靠各地院校自主探索发展，缺乏政策、资金的配套，亟待加强统筹规划与监督管理，进一步提升国际合作的水平和质量。

5 服务贡献

5.1 服务贡献 50 强

服务贡献 50 强指标主要涵盖技术开发服务、就业贡献和培训服务 3 个维度。在办学规模、毕业生就业去向、横向技术服务到款额、纵向科研经费到款额、横向技术服务产生的经济效益、技术交易到款额、面向社会成员的培训到款额和公益性培训服务 8 个指标项目的基础上，新增"到西部地

表 12　2018 年高等职业院校服务贡献 50 强（按音序排列）

院校名称	院校名称
北京农业职业学院	南通航运职业技术学院
常州工程职业技术学院	宁波职业技术学院
常州机电职业技术学院	青海交通职业技术学院
常州信息职业技术学院	日照职业技术学院
重庆电子工程职业学院	山东商业职业技术学院
重庆工业职业技术学院	陕西工业职业技术学院
广东机电职业技术学院	深圳职业技术学院
广东交通职业技术学院	顺德职业技术学院
贵州交通职业技术学院	四川工程职业技术学院
河北工业职业技术学院	四川交通职业技术学院
湖南工艺美术职业学院	苏州农业职业技术学院
湖南汽车工程职业学院	铜仁职业技术学院
黄河水利职业技术学院	温州职业技术学院
江苏工程职业技术学院	无锡职业技术学院
江苏海事职业技术学院	新疆农业职业技术学院
江苏经贸职业技术学院	邢台职业技术学院
江苏农林职业技术学院	徐州工业职业技术学院
江苏农牧科技职业学院	义乌工商职业技术学院
江西应用技术职业学院	云南交通职业技术学院
金华职业技术学院	云南农业职业技术学院
辽宁省交通高等专科学校	浙江工贸职业技术学院
南京工业职业技术学院	浙江机电职业技术学院
南京交通职业技术学院	浙江建设职业技术学院
南京科技职业学院	浙江交通职业技术学院
南京信息职业技术学院	浙江旅游职业学院

区和东北地区就业人数”“横向技术服务产生的经济效益”等指标项目，强调对接市场需求、扎根当地发展，注重引导高职院校在校地共生发展、赋能中小微企业、开展职业培训、助力新兴产业发展等方面作出服务贡献。

50强院校服务贡献水平有较大提升。与2017年相比，50强院校横向技术服务、纵向科研服务和面向社会成员的培训到款额等3项指标的中位数分别增长110%、26%和22%，从一个侧面反映出高职院校更加重视对接市场需求、更加重视技术研发、更加重视职业培训和服务能力提升的总体态势。

与地区、产业和企业互动密切。50强榜单显示，沿海经济发达省份的院校集中度较高，江苏、浙江、广东等3个省份有29所院校入围，反映出高职院校与当地产业的良性互动关系，以及在服务中小微企业发展中的广阔空间；中西部地区在产业相对落后的情况下，仍有16所院校入选，显示出当地院校主动服务的意识和水平。行业企业举办的高职院校占据半壁江山，与此类院校在产教融合、校企合作、职业培训等方面的优势密切相关。

高职院校之间仍然存在较大差异。从横向技术服务到款额看，全国近四分之三的高职院校在100万元以下，半数院校在10万元以下，四成院校为0；从纵向科研服务到款额看，四分之三的院校在100万元以下，四成院校在10万元以下，两成院校为0；从面向社会成员的培训到款额看，全国半数院校在100万元以下，四分之一的院校在10万元以下，两成院校为0。近年来，这种服务贡献水平整体不高、差异较大的情况没有得到明显改善。

即使是进入服务贡献50强的院校，服务到款额指标排位靠前院校和排位靠后院校之间的差距也比较明显，反映出我国高职院校服务贡献的能力和水平总体上存在较大的区域差异和个体差异。

留在本地就业的比例接近60%

5.2 服务区域发展

立足当地就业，助力地方发展。院校质量年报数据显示，近年来高职院校毕业生留在本地就业人数保持增长，占比接近毕业生总数的60%，每年有超过200所院校本地就业比例高于80%，40余所院校连续4年保持80%以上。一批高职院校已成为当地技术技能积累中心，在提升劳动力素质、增强城市活力、推动区域产业迈向中高端发展水平等方面发挥了引领作用。

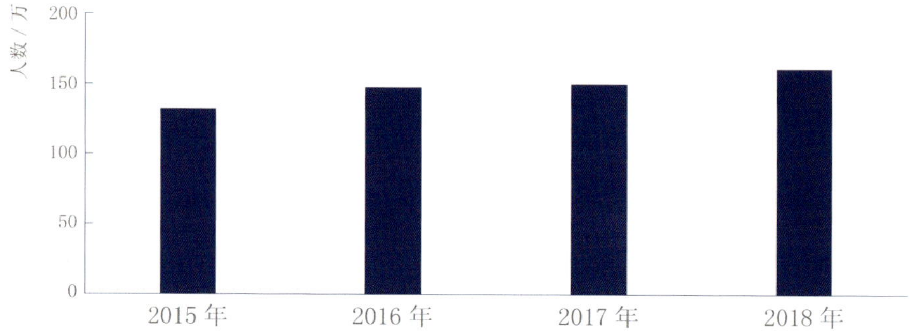

图19　2015—2018年高职院校毕业生留在本地就业人数

数据来源：2015—2018年服务贡献表。

重点服务企业，助力实体经济。近年来，高职院校毕业生到中小微企业等基层服务的人数保持增长，占毕业生总数的比例保持在60%以上，每年有300所以上的院校这一比例超过80%。一批高职院校主动与行业领头企业合作，2018年为世界500强和中国500强企业输送了超过25万技术技能人才。

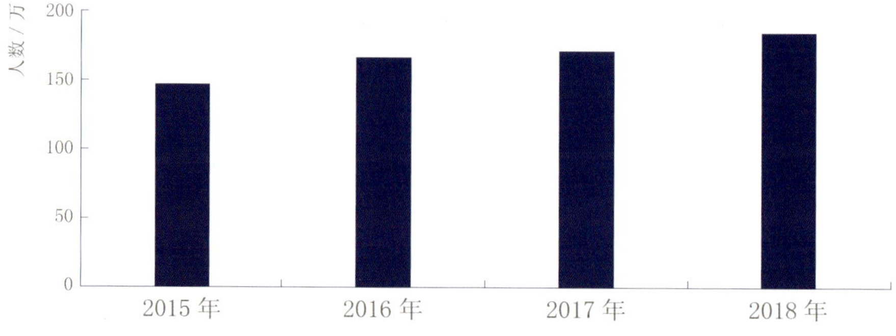

图20　2015—2018年高职院校毕业生到中小微企业等基层服务人数

数据来源：2015—2018年服务贡献表。

填补人才短板，助力欠发达地区发展。2018 年，约有四分之一高职毕业生到西部地区和东北地区就业，其中大多数毕业生来自当地高职院校。一批高职院校不仅为西部和东北地区留住了人才，优化欠发达地区的人力资源结构，而且在承接东部地区产业转移、改善招商引资环境等方面发挥了不可替代的作用。

1/4 **高职毕业生到西部地区和东北地区就业**

案例 11：扎根本地发挥作用，服务东北和西部地区发展

昌吉职业技术学院 96% 的学生在西部和东北地区就业，该校面向“制造强州”“电化昌吉”等地方发展战略，组建先进装备制造业职教集团，累计为现代装备制造业培养毕业生 6 400 余人；面向“维医”产业建立健康服务专业群，累计培养毕业生 5 300 余人，并在昌吉回族自治州开展药品、食品、护理等培训 3 000 余人次。

呼和浩特职业学院承担《蒙古族礼仪服务规范》《鄂尔多斯市旅游人才发展中长期规划》等旅游行业标准及规划的制定工作；完成全区“县域普通话普及情况调查”，涉及 104 个旗县 4 万人次的数据收集整理；社区学院获得全国成人教育协会颁发的“2018 年全国终身学习品牌”奖。

重庆资源与环境保护职业学院承接大足区龙岗街道濑溪河水质监测、金山镇水质监测、环境保护局大气环境污染督查等多项环境保护项目，携手环保局、水务局共同开展生态环保宣传、巡河护河等活动，助力生态环境保护事业。

对接功能定位，助力区域战略。京津冀协同发展、长江经济带发展、粤港澳大湾区建设、海南自由贸易试验区设立等国家重大区域战略的陆续提出，为高等职业教育提供了更加广阔的服务领域。2018 年，高职院校对接疏解北京非首都功能、修复长江生态环境等核心问题，主动开展培训和服务。同时，联合行业、企业、政府部门、科研机构等广泛成立了职业教育联盟，如“京津冀职业教育教学协同发展联盟”“长江经济带九省二市职教科研机构联盟”“粤港澳大湾区职业教育产教联盟”“海南省电子商务产业人才培养创新联盟”等，在促进区域产业联动、企业合作等方面发挥了纽带作用。

案例 12：聚焦区域发展核心问题，开展技术和培训服务

天津职业大学与雄安新区合作开展“容城职教中心师资水平提升项目”，与雄县增民职业培训学校合作共建“天津职业大学雄县培训中心”，与武清区共建先进制造业培训中心、师资培养基地等，与曹妃甸合作成立国际职业教育研修中心。该校近五年与北京拓普康、天津香飘飘等企业开展技术研发项目 100 余项。

四川建筑职业技术学院承担港珠澳大桥正交异性桥面板疲劳性能试验研究。该校通过探求主体工程桥梁工程中深水区非通航孔桥和跨越崖 13-1 气田管线桥桥面系所采用的正交异性钢桥面板设计实际的疲劳性能，对不同的细节构造措施予以验证，并为之后设计提供参考依据，为港珠澳大桥的建设作出了贡献。

湖北生态工程职业技术学院践行“长江大保护”理念，围绕“山水风光美”重点打造林业生态特色专业群，围绕“休闲生活美”重点打造森林生态旅游特色专业群，2018 年该校成为全国林业科普基地，“林间白蚁诱杀新技术推广应用”等两项成果获得湖北科技成果推广三等奖。

150 余所高职院校横向技术服务到款额超过

5 000 000元

5.3 服务市场需求

面向市场开门办学。150 余所高职院校横向技术服务到款额超过 500 万元，占比较去年增长 3 个百分点，其中有 100 余所院校超过 1 000 万元。150 余所院校横向技术服务产生的经济效益超过 1 000 万元，体现出较强的市场价值和应用价值。一批高职院校专业资源强、服务效益好，在服务中已经形成一定模式和品牌，平台效应逐步显现。

案例 13：对接市场实际需求，打造技术服务品牌

湖南现代物流职业技术学院开发“湖南省物流公共信息平台”，承接各类研发项目 200 余项，为 130 家物流园区和企业的信息平台建设提供了技术支撑；与城步县共建“城步县电商物流园信息服务平台”，与怀化市共建“怀化市物流公共信息服务平台”，两个平台 2018 年共增设分支服务点 15 个，增加用户 21 万个。

温州职业技术学院与温州经信委联办市企业综合服务平台，与瓯海区政府、凤凰卫视共建数字媒体产教融合示范基地，与瑞安市经济开发区共建智能制造产教融合联盟，与市委宣传部联办文创基地，并打造了温州智能制造公共实训与服务中心大楼，探索服务与需求互动、学校与地方共生之路。

陕西工业职业技术学院打造多个技术服务平台，完成中央财政支持的服务区域中小企业的重点实验室建设，构建分布式能源及智能微电网系统等 3 个协同创新中心，立项建设咸阳市创新创业基地，2018 年该校获得国家专利 119 件，其中实用新型专利 110 件、外观专利 9 件。

武汉铁路职业技术学院高速铁道工程技术专业学生参与高速铁路病害整治

紧跟趋势创新发展。近百所高职院校纵向科研经费到款额超过 500 万元，占比较去年增加 2 个百分点，30 余所院校超过 1 000 万元。380 余所院校有技术交易到款额，占比较去年增加 3 个百分点，其中 30 余所院校到款额超过 1 000 万元，70 余所院校超过 500 万元。

案例 14：瞄准科技发展趋势，积极支持成果转化

顺德职业技术学院打破专业壁垒，组建了以制冷与空调技术专业为核心，以新能源装备技术、绿色材料等专业为支撑的制冷与空调技术专业群，毕业生成为当地节能设计改造、大型楼盘机电空调设备运营、能源监测管理等方面“绿色工作”的生力军。4 年来该专业群教师获 PCT 国际专利 6 件，发明专利 30 件，实用新型专利 47 件，专利转让 14 件，为企业累计创造产值 20 多亿元。

温州科技职业学院 2018 年共立项省部级项目 7 个、市厅级项目 82 个，到位科研经费 2 013 万元；自主育成的“金玉甜 2 号”获得浙江省鲜食玉米品种食味品质鉴定金奖；水稻新品种“V 两优 1219”等 4 项科技成果转化，合同签约额超过 200 万元；新品种、新技术推广面积 200 多万亩。

重庆工程职业技术学院依托行业师资优势，为能源和煤矿企业提供技术服务，其中《邵新煤矿通风系统优化改造方案》项目每年节约通风电费、人工工资、维检费等成本 100 万元。该校还面向非煤矿山主要负责人、非煤矿山特种作业人员等开展培训，2018 年面向社会成员的培训到款额达到 1 000 万元。

加大高质量培训力度。按照育训结合、长短结合、内外结合的要求，高职院校依托专业优势积极开展校内外职业培训。2018 年，全国高职院校面向社会成员的培训到款额累计超过 50 亿元，其中近 300 所院校到款额超过 500 万元，占比较上年增加 4 个百分点，130 余所院校超过 1 000 万元。

重庆工业职业技术学院师生到成都铁路局重庆机务段开展企业技术转化服务

案例 15：开展高质量职业培训，提供多方位社会服务

山东工业职业学院依托技能人才培训基地开展培训 10 000 人、职业技能鉴定 12 000 余名。该校开发了“全国钢铁行业技能知识网络竞赛”网络平台，36 万人次上线学习，4 万余人参赛，被中国钢铁工业协会授予“特别贡献奖”；搭建“山东钢铁集团教育培训及资源共享平台”，完成职工在线培训 7 万余人次。

青海交通职业技术学院依托“公路、汽车行业职业技能鉴定所（站）”“青海交通职业技术学院培训中心”等平台优势，积极开展交通行业职业培训，2018 年累计开展培训近万人日，面向社会成员的培训到款额 400 万元。

无锡科技职业学院与新吴区政府联合举办新吴社区学院，构建起覆盖全区的“社区学院－街道社区教育中心－各社区市民学校－社区教育片区工作点”四级联动运行模式，获得省级社会教育立项课题 20 个，年公益性服务培训近 7 万人日，被中国成人教育协会评为“全国优秀成人继续教育院校（培训机构）”。

5.4 服务国家战略

聚焦人才培养，助力人力资源结构优化。数据显示，高职高专毕业生毕业半年后就业最多的行业类是“建筑业”（12.5%），信息安全技术、软件技术、电气化铁道技术、电力系统自动化技术等专业就业率、薪资和就业满意度相对较高[20]，中国建造、中国智造行业领域的人力资源结构将得到进一步优化。在国务院批准设立的“山东新旧动能转换综合试验区”，与医养健康、新一代信息技术、高端装备等新兴产业相关专业的高职院校在校生数量最多，占比分别达到20%、13%和8%，为新旧动能转换提供了人力资源支撑。

案例16：促进企业生产技术升级，助力新旧动能转换

中山火炬职业技术学院投入占地200多亩的生产性实训校区，打造大湾区产教融合型企业的孵化器，先后孵化出光大光学等5家广东省高新技术企业。其中，由学院提供场地、共同申报科研项目、联合开展现代学徒制试点的中山联合光电有限公司于2017年在香港上市，成为高端手机变焦镜头、极光电视显示屏产业的“隐形世界冠军”，中央电视台进行了专题报道。

青岛职业技术学院对接“山东新旧动能转换综合试验区”建设，打造智能制造、物联网等7个重点专业群；与科研院所、行业企业共建海洋化工专业群协同创新中心等协同创新体；建成区域物联网人才培养培训基地和中小企业物联网中试服务基地，为青岛西海岸新区中小型物联网科技企业提供技术服务。

湖南化工职业技术学院建设了12个应用技术研发与服务团队，近三年为中国中车株洲电力机车有限公司、株洲旗滨集团等100家企事业单位提供技术改造、工艺革新、产品孵化等技术服务100余项。

[20] 数据来源：《2018年中国大学生就业报告》，麦可思研究院。

主动提供服务，助力军民融合发展。高职院校积极落实定向培养直招士官工作，探索适合各军种的军队技术技能人才培养模式，努力将军队相关的职业教育纳入国家职业教育大体系。部分院校面向现役、退役军人开展职业培训、再就业培训，为促进退役军人特别是退役士兵就业创业作出贡献。长沙航空职业技术学院自 2003 年被确定为直招士官试点单位，坚持“思想政治教育为先、专业技能为重、军事素质培育为要”的培养理念，已累计为部队输送 3 183 名士官。三亚航空旅游职业学院协助三亚警备区、天涯区和吉阳区人民武装部联合开展海上民兵应急分队集训，并就 9 个海上行动方案进行室内模拟器推演，培训海上民兵 115 名。

成都航空职业技术学院服务军民融合发展，订单培养士官生

提前布局探索，助力海洋经济发展。到 2020 年，我国海洋生产总值预计将占 GDP 总量的 9.5%，海洋新兴产业增加值年均增速预计超过 20%，相比 2016 年新增涉海就业人员数将达 250 万人[21]。高职院校面向海洋经济发展，在海员船员培养培训、海洋资源开发、生态环境保护、临港装备制造、港航物流服务等方面作出积极探索。

[21] 参见《全国海洋经济发展“十三五”规划》。

案例 17：对接海洋科技应用，助力海洋产业发展

南通航运职业技术学院打造“江苏海洋高端装备性能检测与应用公共服务平台”，2018 年承担各类科技开发与服务项目 36 项，横向项目到款额 2 015 万元，产生的经济效益超过 1 亿元。其中，研究成果“江海大桥主动防撞系统”被列入《江苏省公路水运工程科技成果推广目录》，产生经济效益 1 000 万元以上。

日照职业技术学院研发的南极磷虾油产品虾青素含量高于国际同行业水平 2.5 倍，申请发明专利 23 项，获中国专利优秀奖。成果应用于国内外 12 家企业，培育德和生物成为深圳独角兽企业，助推山东中惠和云南爱尔发 2 家公司上市，帮助山东辰亚由传统水产品加工企业转型为海洋生物高科技企业。

厦门海洋职业技术学院与自然资源部第三海洋研究所、厦门海控自动化系统工程有限公司等开展相关研究，已获得 40 余项专利。其中，该校李林春教授带领的教研团队开发出水产养殖物联网水质监控系统获得国家专利 18 项，并成功孵化创办公司，相关产品已在全国广泛应用。

1000个涉农专业点

培育内生动力，助力乡村振兴战略。《国家乡村振兴战略规划（2018—2022 年）》提出，5 年间既要在农村实现全面小康，又要为基本实现农业农村现代化开好局、起好步、打好基础。2018 年，高职院校共开设近 1 000 个涉农专业点，在校生数近 16 万人，并广泛开展职业农民、农业经营人才等培训，优化乡村振兴人才结构。一批农业类高职院校积极开展研发和技术推广，提高农业生产效率，培育家庭农场、农民合作社等新型经营主体，推动藏粮于地、藏粮于技。

案例 18：培育农村发展新动能，助力乡村振兴

威海职业学院成立美丽乡村建设与发展研究中心，与威海市 8 个镇 16 个村签署共建美丽乡村战略合作协议，教师带领学生承担 23 项美丽乡村项目，目前已完成小关镇东店子村、嵩山街道五家疃村等 15 个村的规划方案。其中荣成市宁津镇较为落后的留村，经过帮扶后已成为国家级民俗村、中国十佳美丽乡村。

浙江农业商贸职业学院与 7 个基层农合联共建新型职业农民培训基地，为 1 067 家农业经营主体提供服务，开展农产品（食品）检测技术、合作经济师、新型职业农民等涉农培训 57 期，累计培训学员近 4 000 人。

湖南商务职业技术学院依托“全国供销合作总社电子商务培训基地”等平台，培训各类电商人员 1 450 人，帮助靖州杨梅、湖南冰糖橙、保靖椪柑等特色农产品进行网上销售，累计销售金额近 3 亿元。

江苏农林职业技术学院师生向饲养员讲解生猪生长不同阶段的饲料配比方法

加强统筹协调，助力脱贫攻坚。2018 年末，全国农村贫困人口 1 660 万人[22]，扶贫攻坚任务仍然十分艰巨。按照国家“五个一批”[23]和全力推进就业扶贫的要求，教育部部署各地落实职业教育东西协作行动计划，实现对西部地区高职院校结对帮扶全覆盖；实施支援中西部地区招生协作计划，每年安排部分增量计划，由东部地区高职院校面向中西部地区招生；联合国务院扶贫办、人力资源和社会保障部开展雨露计划，对所有接受职业教育的农村建档立卡贫困家庭提供补助。

各省发挥统筹作用，对口支援、组团帮扶机制不断完善。教育部、湖南省教育厅支持湖南工艺美术职业学院联合全国 29 个省市自治区的 142 所职业院校共同发起成立了“全国职业院校精准扶贫协作联盟”；上海高职探索政府、院校和科研机构组团援疆模式等。

在国家教育部、各省级教育行政部门的引导下，高职院校“尽锐出战”，着力打造“扶贫同扶志扶智相结合”的稳定脱贫长效机制：一是“驻村到户”，由院校领导带头，教职员工广泛参与，以“定点驻村”等方式深入基层，与贫困家庭共吃住、共劳动，确保将各项扶贫措施落实到村、到户、到人，切实解决贫困群众最具体的生活问题；二是“提高收入”，高职院校发挥专业建设优势，通过技术扶贫、产业扶贫、电商扶贫等助力贫困地区经济发展，提高居民收入水平、生活条件；三是“养鸡下蛋”，在国家扶贫政策框架下，高职院校通过对口援建职校、开展职业培训和教师支教等方式，助力贫困地区人力资源开发，让贫困人口拥有一技之长，实现就业脱贫。

[22] 数据来源：《2018 年国民经济和社会发展统计公报》。

[23] 参见《中共中央 国务院关于打赢脱贫攻坚战三年行动的指导意见》，“五个一批”指通过发展生产脱贫一批，易地搬迁脱贫一批，生态补偿脱贫一批，发展教育脱贫一批，社会保障兜底一批。

柳州职业技术学院教师驻村到户，指导村民稻田养鱼

案例 19：探索多种帮扶模式，服务脱贫攻坚

——“三层递进”模式。湖南工艺美术职业学院先通过“结对”开展教育扶贫，帮扶通道侗族自治县职业中等专业学校，援建专业 3 个，培训教师 318 人次；再通过“培训”实施技能扶贫，培训乡村工匠等 1 706 人，解决当地企业技术难题 45 个；最后通过“造血”进行产业扶贫，研发民族工艺品项目 580 个，帮助企业开发网店 96 个。

——“M+1+N”过桥模式：新疆农业职业技术学院牵头组织内地多所知名职业院校优势资源，帮扶南疆多所职业院校，形成了“M（多所内地名校）+1（新疆农职学院）+N（南疆多所职校）的模式，有效提升了南疆院校办学水平，促进了民族地区和贫困地区的稳定发展。

——“互联网 + 产业 + 专业”模式：南宁职业技术学院发挥营销等优质专业集群优势帮扶右江革命老区，探索出富硒农业特色种植产业、“互联网 +”传统产业、企业订单式农业等扶贫方式，带动建成 30 个农村产业合作社、28 个产业项目，实现产值 6 394 万元，带动 1 958 户贫困户脱贫，吸纳 963 户贫困户就业。

——“技术扶贫”模式：铜仁职业技术学院帮扶万山区敖寨乡食用菌产业发展，技术指导食用菌产业共 1 100 万棒，累计实现产值 9 000 万元，纯利润近 2 000 万元，有效带动 260 户贫困户 782 人直接受益，辐射带动 1 000 多名贫困群众增收致富。

——“政、研、校、产一体化”援助模式：上海教育行政部门与对口援疆前方指挥部积极配合，通过科研先行，精准帮扶喀什地区制定“职业教育优先”的人力资源发展战略；通过规划引领，指导沪喀两地共建喀什职业技术学院，补齐当地高职教育空白；通过“一校为主，多校对一”，整合上海高职资源帮扶喀什高职开展院校和专业建设；通过引入产业，帮助喀什发展区域特色经济、实现就业脱贫。

6 面临挑战

6.1 高质量的大规模发展面临挑战

2019 年高职院校大规模扩招 100 万人，是国家为缓解当前就业压力和解决高技能人才短缺问题作出的一个重大战略部署。在职业教育由追求规模扩张向提高质量转变的背景下，这场大扩招不同于 20 年前高等教育精英化阶段的规模扩张，是国家在外部环境复杂多变和国内经济转型阵痛凸显的历史关键时期，稳定和扩大就业的战略举措，需要高职教育高质量的规模发展。但是，目前高职院校的资源投入相对不足，面对大扩招迎来高职教育发展利好的同时，必将带来高职院校教学资源更加“摊薄”和不同生源分类培养的挑战。例如，高职院校生师比不达标、双师素质教师比例和高级职称教师比例过低等现象仍然存在，师资的专业结构和专兼结构也亟待优化；仍有相当一部分公办校尤其是地市级公办校年生均财政拨款水平尚未达到 12 000 元，还有少数省份将学费计入生均财政拨款中，行业企业举办院校的投入和民办院校举办者的投入水平更低。应对高质量的大规模发展，迫切需要各地政府提高认识、深化改革，制定有利高职扩招的优惠政策，积极支持高职院校增加教育教学资源的投入，努力改善和优化师资队伍结构，加强分类教育和教学管理。切实做好引导地方政府落实职业教育投入责任的工作，使国务院关于“中央财政加大投入的同时，地方财政也要加强支持”的要求落到实处。

6.2 “类型教育”配套政策面临挑战

职业教育必须坚持走产教融合、校企合作、工学结合的道路，由参照普通教育办学模式向企业社会参与、专业特色鲜明的类型教育转变。但长期以来诸多高职院校在很大程度上仍参照普通本科的办学模式，无论是学校设置标准还是教学管理和评价方式往往都参照普通教育系统的做法，缺乏行业企业的有效参与，一方面导致学生实践能力训练时间不足、场所不

续表

省份	学校个数	就业率中位数/%	<80%学校数	80%～85%学校数	85%～90%学校数	90%～95%学校数	95%～100%学校数
贵州省	32	95.0	1		5	10	16
云南省	36	98.1		2	2	4	28
西藏自治区	2	88.6		1			1
陕西省	38	94.8	1	2	4	12	19
甘肃省	23	92.3	1	2	4	9	7
青海省	8	94.6			1	3	4
宁夏回族自治区	10	90.6	1	2	1	3	3
新疆维吾尔自治区	22	94.4	3	1	2	6	10
新疆生产建设兵团	3	96.5	1				2

附录 1 表 2　各地区高职院校双师素质专任教师比例区间分布

省份	学校个数	双师比中位数/%	<30%学校数	30%～40%学校数	40%～50%学校数	50%～60%学校数	60%～70%学校数	>70%学校数
北京市	25	66.7	1	1	4	3	5	11
天津市	25	59.0	3	1	2	7	3	9
河北省	58	58.6	6	8	10	7	10	17
山西省	47	52.8	4	6	9	15	5	8
内蒙古自治区	34	49.9	6	5	6	5	8	4
辽宁省	44	61.3	5	2	5	8	9	15
吉林省	25	50.0	2	3	8	3	3	6
黑龙江省	41	66.9	2	1	4	7	11	16
上海市	22	65.2		2	5	2	6	7
江苏省	88	80.5	4	2	4	9	5	64
浙江省	47	85.2				1	4	42
安徽省	73	48.9	13	15	12	16	7	10
福建省	50	65.8	3	3	4	8	9	23
江西省	54	51.4	7	7	12	9	12	7
山东省	75	73.0	7	7	4	5	7	45
河南省	76	47.2	16	10	15	11	14	10
湖北省	56	62.6	7	5	7	5	11	21
湖南省	70	67.0	4	7	9	7	10	33
广东省	86	59.2	6	6	19	12	9	34
广西壮族自治区	35	40.3	12	5	8	2	3	5

续表

省份	学校个数	双师比中位数/%	<30%学校数	30%～40%学校数	40%～50%学校数	50%～60%学校数	60%～70%学校数	>70%学校数
海南省	12	52.0	2		3	5	1	1
重庆市	40	59.9	1	5	4	10	9	11
四川省	58	52.9	5	7	12	11	10	13
贵州省	43	43.8	10	9	7	6	6	5
云南省	43	50.2	4	6	11	11	7	4
西藏自治区	2	9.8	2					
陕西省	38	56.5	6	3	7	5	12	5
甘肃省	27	48.1	2	7	5	4	5	4
青海省	8	48.8	2		2	3		1
宁夏回族自治区	10	34.2	3	3	1		1	2
新疆维吾尔自治区	25	54.2	3	3	2	6	5	6
新疆生产建设兵团	3	56.8	1			2		

附录1表3 各地区高职院校生均教学科研仪器设备值区间分布

省份	学校个数	设备值中位数/元	<6000元学校数	6000～8000元学校数	8000～1万元学校数	1万～1.2万元学校数	>1.2万元学校数
北京市	25	45892	2			2	21
天津市	25	13362		2	3	4	16
河北省	58	9507	10	10	13	11	14
山西省	47	7858	12	13	6	1	15
内蒙古自治区	34	16549	5	2	1	2	24
辽宁省	44	10579	7	5	8	8	16
吉林省	26	16339	5	2	1		18
黑龙江省	41	12123	1	4	9	6	21
上海市	22	17429			3	2	17
江苏省	88	14411	6	6	15	5	56
浙江省	47	14397	1	5	3	3	35
安徽省	73	8481	20	13	15	9	16
福建省	50	11484	6	8	7	6	23
江西省	54	8369	12	14	10	6	12

续表

省份	学校个数	设备值中位数/元	<6 000 元学校数	6 000 ～8 000 元学校数	8 000 ～1 万元学校数	1 万～1.2 万元学校数	>1.2 万元学校数
山东省	74	9 619	12	11	16	14	21
河南省	76	8 940	16	15	18	8	19
湖北省	56	8 704	8	17	13	7	11
湖南省	70	7 285	21	19	11	7	12
广东省	86	8 815	23	16	13	11	23
广西壮族自治区	36	10 284	7	3	7	5	14
海南省	12	10 488	2	3	1	1	5
重庆市	40	8 309	9	9	9	5	8
四川省	58	8 695	14	12	13	4	15
贵州省	43	7 397	13	11	6	6	7
云南省	44	8 972	9	8	8	6	13
西藏自治区	2	10 268	1				1
陕西省	38	10 700	5	9	4	6	14
甘肃省	27	10 267	4	1	7	4	11
青海省	8	21 440			1		7
宁夏回族自治区	10	14 927	1		1		8
新疆维吾尔自治区	25	9 417	8	2	4	1	10
新疆生产建设兵团	3	7 687		2			1

附录 1 表 4　各地区高职院校毕业生留在当地就业比例区间分布

省份	学校个数	本地比例中位数/%	<30%学校数	30%～50%学校数	50%～70%学校数	70%～90%学校数	>90%学校数
北京市	24	81.6	2	3	1	13	5
天津市	23	65.6	3	1	12	7	
河北省	55	57.5	12	9	14	15	5
山西省	44	60.2	8	10	7	14	5
内蒙古自治区	34	52.5	7	10	7	7	3
辽宁省	42	77.7	6	4	8	16	8
吉林省	20	55.9	5	2	10	2	1

续表

省份	学校个数	本地比例中位数 /%	<30% 学校数	30% ~ 50% 学校数	50% ~ 70% 学校数	70% ~ 90% 学校数	>90% 学校数
黑龙江省	41	46.4	9	13	13	5	1
上海市	22	78.0		1	6	15	
江苏省	87	60.7	17	16	23	25	6
浙江省	47	50.0	11	13	8	8	7
安徽省	69	57.3	16	12	22	18	1
福建省	50	52.6	8	16	8	10	8
江西省	51	43.5	15	16	14	5	1
山东省	71	53.4	14	15	21	17	4
河南省	71	49.3	23	13	15	15	5
湖北省	52	63.6	11	3	20	16	2
湖南省	68	55.7	10	18	29	10	1
广东省	80	55.2	20	15	18	2	25
广西壮族自治区	32	62.4	6	4	9	11	2
海南省	10	68.5		1	4	5	
重庆市	37	78.8		1	11	22	3
四川省	57	62.9	23	3	6	22	3
贵州省	31	55.6	2	8	8	12	1
云南省	35	70.7	6	3	8	10	8
西藏自治区	2	93.7				1	1
陕西省	37	61.8	5	7	10	12	3
甘肃省	23	46.1	8	6	4	4	1
青海省	8	94.0				3	5
宁夏回族自治区	10	90.5			1	3	6
新疆维吾尔自治区	22	85.0	3	5	2	1	11
新疆生产建设兵团	3	95.6	1				2

附录 1 表 5　各地区高职院校研发服务到款额区间分布

省份	学校个数	到款额中位数 / 万元	<10 万元学校数	10 万～100 万元学校数	100 万～500 万元学校数	>500 万元学校数
北京市	23	70.1	10	2	7	4
天津市	24	17.8	11	6	4	3

续表

省份	学校个数	到款额中位数 / 万元	<10 万元学校数	10 万～100 万元学校数	100 万～500 万元学校数	>500 万元学校数
河北省	55	10.2	27	15	4	9
山西省	46	6.6	26	13	2	5
内蒙古自治区	34	14.6	13	13	6	2
辽宁省	43	9.6	22	11	6	4
吉林省	20	2.1	13	5	2	
黑龙江省	39	12.4	17	11	8	3
上海市	22	221.0	2	4	11	5
江苏省	85	237.2	14	17	19	35
浙江省	47	328.7	2	6	21	18
安徽省	73	23.1	34	18	15	6
福建省	48	46.6	12	18	13	5
江西省	53	23.4	17	23	8	5
山东省	74	213.1	19	12	24	19
河南省	76	21.0	29	27	14	6
湖北省	55	30.0	18	13	10	14
湖南省	70	121.1	5	26	23	16
广东省	85	168.0	18	18	27	22
广西壮族自治区	36	51.3	11	13	8	4
海南省	11	44.0	4	3	3	1
重庆市	39	67.6	10	13	7	9
四川省	57	36.0	18	19	13	7
贵州省	41	15.6	18	11	8	4
云南省	44	21.3	16	17	7	4
西藏自治区	2	64.8		2		
陕西省	38	46.8	13	12	7	6
甘肃省	26	40.6	6	12	5	3
青海省	8	12.5	4	2		2
宁夏回族自治区	10	48.5	1	7	1	1
新疆维吾尔自治区	25	15.3	10	13		2
新疆生产建设兵团	3	28.7		3		

注：研发服务到款额 = 横向技术服务到款额 + 纵向科研经费到款额。

附录 1 表 6　各地区高职院校非学历培训到款额区间分布

省份	学校个数	到款额中位数 / 万元	<50 万元学校数	50 万～100 万元学校数	100 万～500 万元学校数	>500 万元学校数
北京市	23	220.7	6	2	6	9
天津市	24	117.1	8	4	4	8
河北省	54	72.5	26	6	13	9
山西省	44	28.5	26	4	8	6
内蒙古自治区	34	69.5	16	2	14	2
辽宁省	43	25.0	25	3	10	5
吉林省	21	0.0	16	1	2	2
黑龙江省	39	49.3	20	5	9	5
上海市	22	213.7	6	3	6	7
江苏省	83	411.0	17	11	18	37
浙江省	47	617.0	2	1	17	27
安徽省	71	49.0	36	7	22	6
福建省	47	137.0	16	5	17	9
江西省	52	33.8	32	5	10	5
山东省	73	230.0	18	9	22	24
河南省	76	81.8	30	12	25	9
湖北省	55	175.7	20	1	19	15
湖南省	70	270.6	9	8	32	21
广东省	83	145.0	28	7	29	19
广西壮族自治区	36	161.5	14	2	14	6
海南省	11	108.0	2	3	3	3
重庆市	39	136.0	12	5	13	9
四川省	56	214.0	13	4	27	12
贵州省	41	40.5	22	2	11	6
云南省	43	41.8	23	6	10	4
西藏自治区	2	237.3		1	1	
陕西省	38	105.1	15	4	8	11
甘肃省	25	24.6	13	4	4	4
青海省	8	100.0	3	1	2	2
宁夏回族自治区	10	148.2	3		7	
新疆维吾尔自治区	25	60.0	10	4	7	4
新疆生产建设兵团	2	150.1		1	1	

附录 1 表 7　各地区公办高职院校年生均财政拨款水平区间分布

省份	学校个数	生均拨款中位数 / 元	<3 000 元学校数	3 000 ～ 6 000 元学校数	6 000 ～ 9 000 元学校数	>9 000 元学校数
北京市	15	63 928				15
天津市	23	15 407	3			20
河北省	46	12 718	3	2	3	38
山西省	41	11 484	2	2	9	28
内蒙古自治区	26	22 938	1		1	24
辽宁省	35	13 488				35
吉林省	18	18 237		1	1	16
黑龙江省	35	14 456	1		1	33
上海市	11	22 238		1	1	9
江苏省	64	17 399	1			63
浙江省	40	16 211	3	1	1	35
安徽省	56	12 257	3	1	2	50
福建省	31	15 168	3	2	1	25
江西省	44	12 025	3		3	38
山东省	59	12 027	2	2	10	45
河南省	55	12 773	2	2	2	49
湖北省	45	13 000	3	3	4	35
湖南省	60	12 000	2	1	2	55
广东省	59	13 676	3	1	4	51
广西壮族自治区	25	10 816	1		3	21
海南省	8	13 343	3			5
重庆市	26	11 638	3	1	3	19
四川省	42	13 137	3		1	38
贵州省	31	12 988		2	1	28
云南省	32	12 000	2	1		29
西藏自治区	2	49 053				2
陕西省	29	12 516	1	1	1	26
甘肃省	24	14 050	1	2	2	19
青海省	8	24 392				8
宁夏回族自治区	10	18 600	1			9
新疆维吾尔自治区	19	12 750		3	1	15
新疆生产建设兵团	2	11 706			1	1

附录 1 表 8　各地区高职院校生均教学及辅助、行政办公用房面积区间分布

省份	学校个数	教学及行政办公面积中位数/m^2	$<10m^2$/生学校数	10～$20m^2$/生学校数	20～$30m^2$/生学校数	30～$40m^2$/生学校数	$>40m^2$/生学校数
北京市	24	26.9	1	3	10	1	9
天津市	24	18.0		14	9		1
河北省	57	17.5	6	30	16	3	2
山西省	47	14.3	12	21	6	1	7
内蒙古自治区	34	23.0		10	13	3	8
辽宁省	44	17.2	5	23	13	1	2
吉林省	24	18.6	3	12	4	1	4
黑龙江省	40	19.8		21	11	4	4
上海市	22	16.4	3	13	3	1	2
江苏省	88	21.7	1	26	41	11	9
浙江省	47	17.8	1	28	12	3	3
安徽省	73	17.1	7	42	14	3	7
福建省	50	19.5	1	25	15	6	3
江西省	54	17.6	3	30	11	6	4
山东省	74	17.3	1	52	15	3	3
河南省	76	18.3	3	44	17	2	10
湖北省	55	18.5	2	32	15	1	5
湖南省	70	17.3	6	45	15	1	3
广东省	86	15.0	8	61	11	1	5
广西壮族自治区	36	16.9	7	19	5	2	3
海南省	12	17.0		8	2		2
重庆市	40	19.2		24	12	2	2
四川省	58	15.9	3	44	9	1	1
贵州省	43	18.8	1	21	7	5	9
云南省	44	20.6	4	16	16	1	7
西藏自治区	2	15.5		2			
陕西省	37	18.6	2	22	7	3	3
甘肃省	27	18.3	1	16	6	3	1

续表

省份	学校个数	教学及行政办公面积中位数 /㎡	<10㎡/ 生学校数	10 ～ 20㎡/ 生学校数	20～30㎡/ 生学校数	30 ～40㎡/ 生学校数	>40㎡/ 生学校数
青海省	8	21.0		3	3	2	
宁夏回族自治区	10	21.7	1	3	5		1
新疆维吾尔自治区	25	17.4	2	16	5		2
新疆生产建设兵团	3	11.2		3			

附录 1 表 9　各地区高职院校生均参与社团数区间分布

省份	学校个数	人均参与社团数中位数 / 个	<0.25 个学校数	0.25～0.50 个学校数	0.50～0.75 个学校数	0.75～1 个学校数	>1 个学校数
北京市	25	0.69	5	6	2	3	9
天津市	23	0.44	7	8		5	3
河北省	57	0.31	24	12	14	5	2
山西省	42	0.38	16	13	6	5	2
内蒙古自治区	32	0.37	14	5	7	4	2
辽宁省	40	0.37	16	8	8	6	2
吉林省	23	0.29	11	4	5	1	2
黑龙江省	41	0.30	19	12	6	4	
上海市	21	0.40	6	10	2	2	1
江苏省	85	0.55	14	25	14	19	13
浙江省	47	0.87	6	8	6	11	16
安徽省	69	0.31	21	28	10	5	5
福建省	49	0.62	9	11	8	11	10
江西省	52	0.33	20	17	4	6	5
山东省	70	0.54	16	17	10	12	15
河南省	67	0.37	22	24	10	9	2
湖北省	52	0.43	12	17	11	9	3

续表

省份	学校个数	人均参与社团数中位数 / 个	<0.25 个学校数	0.25～0.50 个学校数	0.50～0.75 个学校数	0.75～1 个学校数	>1 个学校数
湖南省	69	0.51	15	19	10	12	13
广东省	84	0.46	15	28	13	13	15
广西壮族自治区	34	0.59	6	10	3	8	7
海南省	10	0.25	5	2	2	1	
重庆市	36	0.30	16	7	5	4	4
四川省	57	0.55	11	14	17	6	9
贵州省	36	0.66	9	6	8	9	4
云南省	41	0.50	7	14	11	6	3
西藏自治区	2	0.52	1			1	
陕西省	37	0.42	9	12	6	5	5
甘肃省	26	0.61	5	4	6	7	4
青海省	7	0.43	2	3	1	1	
宁夏回族自治区	8	0.27	4	2	2		
新疆维吾尔自治区	22	0.12	13	3	1	2	3
新疆生产建设兵团	3	0.34	1	2			

注：生均参与社团数 = 参与各社团的学生总数 / 全日制在校生总数。

附录2

关于编制、发布和报送高等职业教育质量年度报告（2019）的通知

教职成司函〔2018〕142 号

各省、自治区、直辖市教育厅（教委），新疆生产建设兵团教育局：

高等职业教育质量年度报告（简称年报）是国家推进高等职业院校履行责任担当、确立质量发展观、宣传发展成绩、接受社会监督的制度安排，各省、自治区、直辖市教育厅（教委）、新疆生产建设兵团教育局（统称各地）和独立设置的高等职业院校（包括民办和当年升本的学校，不包括2018 年新设学校），应实事求是，认真做好年报的编制、发布和报送工作。

一、编制与发布

2019 年高等职业教育“省级年报”“院校年报”“企业年报”要重点展示学习贯彻落实习近平总书记重要讲话和全国教育大会精神，体现高职教育坚持立德树人的有效举措；服务全面建成小康社会、“脱贫攻坚”和“一带一路”建设等国家战略的典型案例；培育工匠精神、劳模精神、促进就业创业、主动服务地方和行业需求的具体做法；实施《高等职业教育创新发展行动计划（2015—2018 年）》的主要成效。

“省级年报”“院校年报”“企业年报”发布范围同上一年度。各地要加强对年报编制和发布工作的统筹，进一步提高年报质量，要重视对院校年报的内容框架、报送工作和数据规范等方面的合规性把关，加强对年报编写质量和使用情况的检查。

2019 年高等职业教育质量年报新增了“学生反馈表”，“国际影响表”和“服务贡献表”中个别指标有所修订，详见附件。

二、布置与报送

各地负责“省级年报”和辖区内“院校年报”“企业年报”的布置和报送工作。

1. 网上提交。“院校年报”应于2019年1月10日前提交，“省级年报”应于2019年1月30日前提交。各地和各高职院校登录“中国高职高专教育网”主页“高等职业教育质量年度报告”专栏，按照系统要求上传年报word文档，填写和提交六张电子表格数据。“院校年报”须附“内容真实性责任声明”，经院校法人代表签字后扫描置于年报首页。

2. 公文报送。各地应于2019年2月5日前，将报送公文（一份，文中须附报送年报的学校和企业名单，企业名称后须加注对应院校）函报至我司高职发展处。不能按要求上报的学校应书面说明原因，由省级教育行政部门审核汇总后一并报送。

三、联系方式

通信地址：北京西单大木仓胡同37号，教育部职业教育与成人教育司高职发展处（100816）

联系人：杨剑静　任占营

电话/传真：010—66096232

邮箱：sfgz@moe.edu.cn

附件：1. 填写说明

2. “计分卡”指标及相关内涵说明

3. “学生反馈表”指标及相关内涵说明

4. “资源表”指标及相关内涵说明

5. “国际影响表”指标及相关内涵说明

6. “服务贡献表”指标及相关内涵说明

7. “落实政策表”指标及相关内涵说明

8. 内容真实性责任声明（格式）

教育部职业教育与成人教育司

2018年10月18日

附件 1 填写说明

1.“计分卡”“学生反馈表”“资源表”“国际影响表”“服务贡献表”和“落实政策表”中的“院校代码”须与“高等职业院校人才培养工作状态数据”一致。

2.“院校名称”须填写学校全称。

3. 数据须与“高等职业院校人才培养工作状态数据”一致。例如，全日制在校生人数、生师比、双师素质专任教师人数、教学计划内课程总数等。

4. 除特别说明外，相关数据统计的截止时间点为 2018 年 8 月 31 日。

5. 请注意对照表格中标注的计量单位，网上填报仅填写数字，小数点后保留两位。

6. 若数据为零值，请填“0”；若该指标无数据，则填“—”；若不填写任何信息，则该指标的数据视为缺失，按“—”处理。

附件 2 “计分卡”指标及相关内涵说明

“计分卡”指标及相关内涵说明

“计分卡”系综合衡量院校人才培养质量的管理评价工具。

1. 毕业生“就业率”的分子为已就业毕业生人数，分母为毕业生总人数。已就业毕业生包括：受雇全职工作人员、受雇半职工作人员、自主创业就业人员、毕业后入伍人员、毕业后读本科人员。

2.“月收入”指包含奖金、提成、住宿、住房公积金等折算成的现金总和。

3.“理工农医类专业相关度”指理工农医类专业的毕业生认为所从事的工作与所学专业相关的比例，分母是本单位调查时理工农医类专业就业的毕业生人数，分子是本单位理工农医类专业的毕业生认为所从事的工作与所学专业相关的人数。

4. “母校满意度”指本校高职毕业生对母校表示满意的比例。

5. “雇主满意度”指录用应届高职毕业生的单位或部门对录用本校学生的满意度评价。

6. “毕业三年职位晋升比例”指本校 2015 届高职生毕业三年后有过职位晋升的比例。分母是本校 2015 届高职毕业生数，分子是毕业三年后有过职位晋升的本校 2015 届高职毕业生数，此处职位晋升形式可包含：工作职责的增大、管理权限的扩大、专业职称的提升及由此带来的薪资增加。

附录 2 表 1　计分卡

院校代码	院校名称	指标		单位	2017 年	2018 年
		1	就业率	%		
		2	月收入	元		
		3	理工农医类专业相关度	%		
		4	母校满意度	%		
		5	自主创业比例	%		
		6	雇主满意度	%		
		7	毕业三年职位晋升比例	%		

附件 3　“学生反馈表”指标及相关内涵说明

“学生反馈表”系通过高职院校学生的在校体验与反馈来反映学校的立德树人典型成效的评价管理工具。

1. “课堂育人满意度”指学生对于课堂育人活动表示满意的比例。“课外育人满意度”指学生对于学校开展的课堂以外的育人活动表示满意的比例。若开展了多次满意度调研，则填写满意度的平均值。

2.“思想政治课教学满意度”指学生对于学校开设的思想政治课程的教材、教师、教学等方面表示满意的比例。“公共基础课教学满意度”指学生对于学校开设的公共基础课（不含思想政治课）表示满意的比例。“专业课教学满意度”指学生对于学校开设的专业课程表示满意的比例。若开展了多次满意度调研，则填写满意度的平均值。

3.“学生工作满意度”指学生对学工部门、团委、学生会、社团联合会等单位开展的学生工作与活动表示满意的比例。“教学管理满意度”指学生对于学校在课程设置、实习实践、测评考核等教学管理各个方面表示满意的比例。“后勤服务满意度”指学生对于学校食堂、宿舍、洗浴等后勤服务质量、服务态度、基本设施等方面表示满意的比例。若开展了多次满意度调研，则填写满意度的平均值。

4.“学生参与志愿者活动时间”指学生参与志愿者活动的时间。

5.“学生社团参与度”指本校高职学生参与过社团活动的比例。其中，“学生社团数”指学校开办的社团总数。“参与各社团的学生人数”指分别参与不同社团活动的人数，应逐一列出。

附录2表2　学生反馈表

<table>
<tr><th>院校代码</th><th>院校名称</th><th colspan="3">指标</th><th>单位</th><th>一年级</th><th>二年级</th><th>备注</th></tr>
<tr><td rowspan="13"></td><td rowspan="13"></td><td>1</td><td colspan="2">全日制在校生人数</td><td>人</td><td></td><td></td><td></td></tr>
<tr><td rowspan="5">2</td><td colspan="2">教书育人满意度</td><td>—</td><td></td><td></td><td></td></tr>
<tr><td rowspan="2">（1）课堂育人</td><td>调研人次</td><td>人次</td><td></td><td></td><td></td></tr>
<tr><td>满意度</td><td>%</td><td></td><td></td><td></td></tr>
<tr><td rowspan="2">（2）课外育人</td><td>调研人次</td><td>人次</td><td></td><td></td><td></td></tr>
<tr><td>满意度</td><td>%</td><td></td><td></td><td></td></tr>
<tr><td rowspan="7">3</td><td colspan="2">课程教学满意度</td><td>—</td><td></td><td></td><td></td></tr>
<tr><td rowspan="2">（1）思想政治课</td><td>调研课次</td><td>课次</td><td></td><td></td><td></td></tr>
<tr><td>满意度</td><td>%</td><td></td><td></td><td></td></tr>
<tr><td rowspan="2">（2）公共基础课（不含思想政治课）</td><td>调研课次</td><td>课次</td><td></td><td></td><td></td></tr>
<tr><td>满意度</td><td>%</td><td></td><td></td><td></td></tr>
<tr><td rowspan="2">（3）专业课教学</td><td>调研课次</td><td>课次</td><td></td><td></td><td></td></tr>
<tr><td>满意度</td><td>%</td><td></td><td></td><td></td></tr>
</table>

续表

院校代码	院校名称	指标			单位	一年级	二年级	备注
		4	管理和服务工作满意度		—			
			（1）学生工作	调研人次	人次			
				满意度	%			
			（2）教学管理	调研人次	人次			
				满意度	%			
			（3）后勤服务	调研人次	人次			
				满意度	%			
		5	学生参与志愿者活动时间		人日			
		6	学生社团参与度		—			
			（1）学生社团数		个			
			（2）参与各社团的学生人数		人			指分别参与不同社团活动的人数，须逐一列出。

附件 4 “资源表”指标及相关内涵说明

“资源表”系反映高职院校基本办学条件的管理评价工具。

1. “生师比” = 在校生数 / 教师总数。

2. “双师素质专任教师比例” = 双师素质专任教师人数 / 专任教师数。

3. “生均教学科研仪器设备值”指学校教学仪器设备总资产值与在校生总数之比。教学仪器设备资产值是指学校固定资产中用于教学、实验、实习、科研等仪器设备的资产值。统计截止时点以财政年度为准。

4. “生均教学及辅助、行政办公用房面积”指学校教学及辅助用房和行政办公用房总面积与全日制学历教育在校生总数之比。

5. “生均校内实践教学工位数” = 校内实践教学工位总数 / 在校生数。其中，工位数以“高等职业院校人才培养工作状态数据”填报数为准。

6.“校园网主干最大带宽”指院校内部局域网络环境主干带宽，通常分为 10 Mbps、100 Mbps、1 000 Mbps、10 000 Mbps。

7.“教学计划内课程总数”指按照教学大纲要求开设的课程总量，按学年填报，须与“高等职业院校人才培养工作状态数据”一致。其中，“线上开设课程数”指按照教学大纲要求，拥有数字化教学资源，通过学校网络教学平台开展授课、答疑、讨论以及提交作业和下载课件等基本教学活动的网络课程门数。建有课程网站但不完全符合上述条件的课程，不能计入线上开设课程。

附录 2 表 3　资源表

<table>
<tr><th>院校代码</th><th>院校名称</th><th colspan="2">指标</th><th>单位</th><th>2017 年</th><th>2018 年</th></tr>
<tr><td rowspan="9"></td><td rowspan="9"></td><td>1</td><td>生师比</td><td>—</td><td></td><td></td></tr>
<tr><td>2</td><td>双师素质专任教师比例</td><td>%</td><td></td><td></td></tr>
<tr><td>3</td><td>生均教学科研仪器设备值</td><td>元 / 生</td><td></td><td></td></tr>
<tr><td>4</td><td>生均教学及辅助、行政办公用房面积</td><td>m^2/ 生</td><td></td><td></td></tr>
<tr><td>5</td><td>生均校内实践教学工位数</td><td>个 / 生</td><td></td><td></td></tr>
<tr><td>6</td><td>校园网主干最大带宽</td><td>Mbps</td><td></td><td></td></tr>
<tr><td rowspan="2">7</td><td>教学计划内课程总数</td><td>门</td><td></td><td></td></tr>
<tr><td>其中：线上开设课程数</td><td>门</td><td></td><td></td></tr>
<tr><td colspan="5">学校类别（单选）：综合、师范、民族院校（ ）
工科、农、林院校（ ）
医学院校（ ）
语文、财经、政法院校（ ）
体育院校（ ）
艺术院校（ ）</td></tr>
</table>

附件 5　“国际影响表”指标及相关内涵说明

“国际影响表”系反映高职院校国际合作和发挥影响力的管理评价工具。

1.“全日制国（境）外留学生人数（一年以上）”指学校接收一年以上全日制教育的国（境）外留学生总数。

2. “非全日制国（境）外人员培训量”指学校对国（境）外人员开展的各类培训项目的人日总量。

3. “在校生服务‘走出去’企业国（境）外实习时间”指在校学生服务中国企业到国（境）外进行专业实践教学的时间。

4. “专任教师赴国（境）外指导和开展培训时间”指学校专任教师到国（境）外进行专业实践教学指导、培训人员、技术服务和研发的时间。

5. “在国（境）外组织担任职务的专任教师人数”指在境外团体或国际机构中担任专职或兼职工作并具有一定影响的专任教师数量。须在备注中逐一列出，否则数据无效。

6. “开发国（境）外已采用的专业教学标准和课程标准数”指学校主持或参与开发与本校重点专业相关的专业教学标准和课程标准并得到国（境）外2个及以上国家（或地区）同行采用的数量。须在备注中逐一列出，否则数据无效。

7. “国（境）外技能大赛获奖数量”指学校师生在与专业教学相关的国（境）外技能大赛中获得奖项的总个数，包括在国内举办的国际技能大赛上所获奖项。须在备注中逐一列出，否则数据无效。

附录2表4　国际影响表

院校代码	院校名称		指标	单位	2017年	2018年	备注
		1	全日制国（境）外留学生人数（一年以上）	人			—
		2	非全日制国（境）外人员培训量	人日			—
		3	在校生服务“走出去”企业国（境）外实习时间	人日			—
		4	专任教师赴国（境）外指导和开展培训时间	人日			—
		5	在国（境）外组织担任职务的专任教师人数	人			填报格式：××（姓名）在××（组织名），担任××职务；须逐一列出，否则数据无效。

续表

院校代码	院校名称		指标	单位	2017 年	2018 年	备注
		6	开发并被国（境）外采用的专业教学标准数	个			填报格式：开发 ×× 标准被 ××、×× 采用（该标准须被 2 个及以上国家或地区同行所采用）；须逐一列出，否则数据无效。
			开发并被国（境）外采用的课程标准数	个			
		7	国（境）外技能大赛获奖数量	项			填报格式：××（姓名）在 ××（大赛名），获 ×× 奖；须逐一列出，否则数据无效。

附件 6 “服务贡献表”指标及相关内涵说明

“服务贡献表”系反映高职院校服务地方和行业发展的管理评价工具。

1. 毕业生就业去向分为四类：

A 类是毕业生留在当地（公办学校：如省级财政投入经费的以省域为“当地”，地级财政投入经费的以地级市域为“当地”，以此类推；民办学校：以学校所在地为“当地”；如有异地校区则分别统计）就业人数；B 类是毕业生去西部地区和东北老工业基地就业人数（西部地区包括四川、重庆、贵州、云南、西藏、陕西、甘肃、青海、宁夏、新疆、广西、内蒙古等 12 个省份；东北老工业基地包括辽宁、吉林、黑龙江等 3 个省份）；C 类是毕业生到中小微企业（具体标准参见《关于印发中小企业划型标准规定的通知》（工信部联企业〔2011〕300 号））服务人数；D 类是毕业生到 500 强企业（指在过去 5 年曾经是世界 500 强或中国企业 500 强的企业）就业人数。各高职院校根据实际分别填写以上四类，各地在本省质量年报中可汇总分析以上四类情况。

2.“横向技术服务到款额”指以学校名义与自然人、法人、其他组织签订的技术开发、技术服务、技术咨询、技术转让等技术合同所涉及的经费；国际科技合作项目中与境外企业、个人合作经费及科技捐赠项目经费。“横向技术服务产生的经济效益”指学校为上述自然人、法人、其他组织提供相关服务以及国际科技合作项目中所产生的经济效益，统计截止时点以财政年度为准。

3. “纵向科研经费到款额”指通过承担国家、地方政府常设的计划项目或专项项目取得的科研项目经费。统计截止时点以财政年度为准。

4. “技术交易到款额”指政府或企业通过技术市场购买院校的专利和技术成果、购买技术转让、委托技术研发等支付到账的费用。统计截止时点以财政年度为准。

5. “非学历培训到款额”指为社会进行的非学历性培训已到账的收入。统计截止时点以财政年度为准。

6. “公益性培训服务”指为社会进行的免费培训的规模，不含针对校内学生和教师的培训。

附录2表5　服务贡献表

院校代码	院校名称		指标	单位	2017年	2018年	备注
		1	全日制在校生人数	人			
			毕业生人数	人			
			其中：就业人数	人			
			毕业生就业去向：	—	—	—	
			A类：留在当地就业人数	人			
			B类：到西部地区和东北地区就业人数	人			
			C类：到中小微企业等基层服务人数	人			
			D类：到500强企业就业人数	人			
		2	横向技术服务到款额	万元			
			横向技术服务产生的经济效益	万元			提供产生经济效益的企业出具的证明，并盖财务章。

续表

院校代码	院校名称	指标		单位	2017年	2018年	备注
		3	纵向科研经费到款额	万元			
		4	技术交易到款额	万元			
		5	非学历培训到款额	万元			
		6	公益性培训服务	人日			
主要办学经费来源（单选）：省级（ ） 地市级（ ） 行业或企业（ ） 其他（ ）							

附件 7 “落实政策表”指标及相关内涵说明

“落实政策表”系通过院校数据反映政府落实国家发展高职教育政策情况的管理评价工具。

1.“年生均财政拨款水平”：按照《财政部 教育部关于建立完善以改革和绩效为导向的生均拨款制度加快发展现代高等职业教育的意见》（财教〔2014〕352号）要求，“年生均财政拨款水平”是指政府收支分类科目“2050305高等职业教育”中，地方财政通过一般公共预算安排用于支持高职院校发展的经费，按全日制高等职业学历教育在校生人数折算的平均水平，包括基本支出和项目支出。“年生均财政专项经费”是指“年生均财政拨款水平”中的专项经费支出。统计截止时点以财政年度为准。

2.“教职员工额定编制数”指人力资源保障部门核定的学校教职工编制数；“在岗教职员工总数”指学校在编在岗教职员工和编外聘用的教学、科研和行政岗位人员总数（不含编外聘用的工勤人员）。“专任教师总数”指具有教师资格，专门从事教学工作的人员，可包括正式签约聘用的非在编的全职教师。

3.“企业提供的校内实践教学设备值”指企业为学校提供的实践教学设备（设备在学校，产权属企业，学校有使用权）的总资产值。按照企业采购原值计算。

4.“生均企业实习经费补贴”指用于补贴学生企业实习的经费（补贴给学生个人或企业），按照实习学生人数折算的平均水平。其中，“生均财政专项补贴”是指“生均企业实习经费补贴”中的财政专项经费，如果没有单列财政专项则不填。

5.“生均企业实习责任保险补贴”指用于补贴学生企业实习责任保险的经费，按照实习学生人数折算的平均水平。其中，“生均财政专项补贴”是指“生均企业实习责任保险补贴”中的财政专项经费，如果没有单列财政专项则不填。

6.“企业兼职教师年课时总量”指企业兼职教师当年为学生授课课时总量。“年支付企业兼职教师课酬”指每年度用于支付企业兼职教师担任专业理论课、专业实践课教师的课时费总金额。兼课教师费用、企业兼职教师授课以外的费用都不能统计在内。其中，“财政专项补贴”是指“年支付企业兼职教师课酬”中的财政专项经费。

附录2表6　落实政策表

院校代码	院校名称	指标		单位	2017年	2018年
		1	年生均财政拨款水平	元		
			其中：年生均财政专项经费	元		
		2	教职员工额定编制数	人		
			在岗教职员工总数	人		
			其中：专任教师总数	人		
		3	企业提供的校内实践教学设备值	万元		
		4	生均企业实习经费补贴	元		
			其中：生均财政专项补贴	元		
		5	生均企业实习责任保险补贴	元		
			其中：生均财政专项补贴	元		
		6	企业兼职教师年课时总量	课时		
			年支付企业兼职教师课酬	元		
			其中：财政专项补贴	元		

附件 8 内容真实性责任声明

内容真实性责任声明（格式）

学校对<u>（院校名称）</u>质量年度报告（2019）及相关附件的真实性、完整性和准确性负责。

特此声明。

单位名称（盖章）：

法定代表人（签名）：

年　　月　　日

后记

2012年首次发布的《中国高等职业教育人才培养质量年度报告》，是高职教育领域积极贯彻落实《国家中长期教育改革和发展规划纲要（2010—2020年）》“建立高等学校质量年度报告发布制度”的一项重要举措，也是我国第一份由全国高职高专校长联席会议和相关部门委托第三方机构面向全社会发布的国家高等职业教育质量报告。李克强总理2017年对本报告的相关报道作出批示，指出高职院校对促进就业创业提供了有力支撑，并要求教育部会同有关部门进一步完善政策措施，积极支持高职院校提升办学质量，培养更多符合社会需要和产业升级方向的技术技能人才，这也有利于推动脱贫和社会公平。

今年是本报告编写的第八年，正值“高等职业教育创新发展行动计划”收官和《国家职业教育改革实施方案》发布，报告进一步对内容、结构、体例做出完善，从“计分卡”“资源表”“服务贡献表”“落实政策表”“国际影响表”再到“育人成效表”，既为展示高等职业教育质量提供量化依据，也体现出对社会负责的质量意识。今年，各“省级版”“院校版”和“企业版”年报发布范围进一步扩大，编制质量也进一步提高。各省（区、市）、新疆生产建设兵团和1 344所高职院校发布质量年报，1 155家企业面向社会发布了“企业参与高等职业教育人才培养年度报告”，企业参与数比去年增加43.3%，为本报告的形成奠定了重要基础。

本报告主要以各院校面向社会发布的年度报告以及填报数据为依据进行质量分析。经过8年的探索实践，高职院校质量年报发布的规范性有明显提升。绝大多数院校领导对院校年报的内容真实性进行承诺，体现了院校管理者面向教师、学生和社会的责任感，相信各院校能够对院校质量年报及其填报数据的真实性、准确性和公信力负责。为了今后持续做好此项工作，报告再次对相关表格中的各项指标进行详细解释，期待院校数据填报更加准确，为本报告进行质量分析提供更加客观的依据。

感谢本报告的策划者对编写工作给予的指导与支持。他们希望报告不但要写好，而且要发行好、宣传好、解读好、使用好，要让更多的领导和办学者、管理者、实践者和观察者能够更好地认识和理解报告内涵，从而更好地发挥报告的功能和效应，真正体现其作为“高职教育改革发展的引领者、推动者和贡献者”的价值。这对我们既是鞭策，更是奋斗的目标。

朱正茹、卜琼琼、李一源、曹辉、钱程、徐静茹、李冲越、柳华梅、李俊雅、吉国庆、刘任熊、林昇、张岩成、王学梅、高长江、仲伟来、蔡经汉、刘辉、姚紫阳、张青、赵坤等同志为本报告编写付出了辛勤劳动，高等教育出版社、金华职业技术学院、苏州经贸职业技术学院也对本报告编写提供了支持。

在此，我们向为报告作出贡献以及关心支持报告编写发布的社会各界人士表示衷心的感谢！

编委会

2019 年 5 月 18 日